자본주의 졸업하기

‘부자’라는 궁극적이자 유일한 목표

자본주의 졸업하기

'부자'라는 궁극적이자 유일한 목표

이정욱 지음

바른북스

2부. 월급 160만 원 사회초년생

3부. 29살 수십억 자산가

프롤로그
_ '부자'라는 궁극적이자 유일한 목표

아침에 눈을 떠 보면 누수로 얼룩진 천장이 가장 먼저 눈에 들어온다. 학교를 가기 위해 세수를 하려면 집 밖에 있는 화장실로 나가야 했다. 세면대는 없었고 바가지에 찬물을 받아 웅크려 세수를 한다. 화장실 불을 끄다 감전을 당했다. 낡은 스위치 탓이었다. 그날은 지각을 했다. 그 당시 우리 반은 지각을 하면 다음날 반 아이들이 모두 먹을 수 있는 양의 사탕을 가지고 와야 했다. 곤혹스러웠다. 나는 산을 두 개를 넘어 학교를 다니고 있었는데 이유는 돈 때문이었다. 버스비가 없어서 걸어 다녔는데 사탕을 사 오라니 어린 마음에 너무 큰 걱정을 안게 되었다. 지금 생각해 봐도 그때의 아찔한 공기 냄새가 기억이 나는데 어린 이정욱은 오죽했을까? 어렵게 엄마에게 말을 꺼냈다. 엄마는 혹여라도 당신의 가난이 얼굴에 비칠까 애써 웃음을 지어 내셨다. 다음날 아침 내 머리 맡에는 생전 처음 보는 외국제 사탕 세트가 있었다. 동대문 밤 시장에서 일하시는 어머니가 구해오신 것이었다. 친구들은 사탕을 보며 "우와! 역시 정욱이야" 하며 감탄을 자아냈다. 아들만큼은 기죽지 않게 키우고 싶었던 엄마의 사랑이었다. 엄마는 그런 사람이었다. 몇 장면이 더 기억이 난다.

#1 어릴 적 아버지의 기억

매일 술을 마시고 집에 오셨고 술을 마시고 들어오는 날에는 집에 남아나는 물건이 없었다. 모든 물건을 다 때려 부수고 엄마를 폭행했다. 매일같이 학대를 당하며 지옥 같은 하루하루를 보냈다. 하루는 아빠가 다 죽인다고 칼을 들고 난동을 부려 엄마와 두 누나, 그리고 나까지 누나 방으로 도망쳐 방문을 걸어 잠그고 엄마가 방문을 막았다. 아버지는 문이 열리지 않자 칼로 방문을 마구마구 찔렀고, 칼로 방문을 찌를 때마다 묵직하게 나무 바스러지는 소리가 났다. 칼날이 문을 넘어 푹푹 박혀왔다. 울면서 제발 이 시간이 무사히 지나길 바랄 뿐이었다. 유년 시절의 이런 상황은 아이에게 엄청난 스트레스를 안겼고 이때부터 틱 장애가 생겼다.

#2 서울로 도망

엄마는 더 이상 버틸 수 없었다. 어느 날 아빠가 없을 때 "서울로 이사 갈 거야"라고 말씀하셨다. 동네 아주머니들이 와서 이삿짐 싸는 것을 다 같이 도와주셨다. 짐을 바리바리 싸서 엄마와 나, 큰누나, 작은누나는 이렇게 서울로 도망쳤다. 최악은 벗어났지만 상황이 좋지는 않았다. 일정한 주거지가 없어 엄마는 동대문 옷 시장에서 밤에 일하셨다. 나는 엄마랑 작은이모 집에서, 누나들은 다른 친척 집에 맡겨졌다. 작은이모 집에는 사촌형과 사촌누나, 사촌동생이 있었는데 이모할머니에게 차별을 받으며 살았다. 차별은 일상이었고 가끔 사촌형한테 맞기도 했다. 가정에 대한 결핍이 생겼고, 항상 새벽까지 엄마가 오기만을 기다리다가 잠이 들었다.

#3 첫 우리 집

엄마가 열심히 일하셔서 두 번째 지옥을 벗어날 수 있었다. 서울 성북구 정릉동에 위치한 옥탑방이었다. 거실은 따로 없고 부엌과 작은방 2개, 화장실이 전부였다. 화장실 스위치는 너덜너덜했다. 처음 이야기한 감전은 이 첫 집에서의 일이다. 엄마는 하루 종일 일하느라 바쁘셨다. 운동화와 실내화, 실내화 주머니 같은 것은 내가 직접 빨면서 학교를 다녔다. 매달 홈쇼핑 잡지가 집으로 왔었는데 머릿속에 상상 속 큰 집을 만들어놓고 공간마다 둘 가구를 고르며 배치하는 것이 취미였다. 집에 혼자 있는 시간이 많아 유일한 취미이자 놀이거리였다. 나는 이것을 '망상놀이'라고 불렀다. 가족에 대한 결핍은 조금은 나아졌지만, 이때부터 주거와 돈에 대한 아주 큰 결핍을 인지했다.

#4 초등학교 벼룩시장

학교에서 매년 벼룩시장 행사를 했다. 집에서 팔 수 있는 물건들을 가져와 아이들끼리 시장을 열어 거래를 했다. 보통 장난감이나 만화책, 잡동사니 등을 들고 와 거래를 했는데, 나는 엄마에게 라면을 팔겠다고 말했다. 커다란 보온병에 뜨거운 물을 가득 넣고 컵라면 3개 정도를 사 갔다. 시장이 열리고 모두들 활기차게 물건을 팔았다. 나는 컵라면을 끓이기 시작했다. 한차례 큰 거래들이 마무리될 즘, 교실에 라면 냄새가 솔솔 풍겼다. 종이컵에 면과 국물을 조금 넣고 한 컵에 500원에 팔았다. 라면이 솔드아웃되어서 국물만도 팔았다. 불티나게 팔렸다. 2,000원 정도를 투자해 몇 배 남는 장사를 했다.

#5 프로배달러

고등학생이 되니 아르바이트를 할 수 있게 되었다. 다른 세상이 펼쳐졌다. 여러 아르바이트 중 배달 아르바이트가 급여가 가장 높았다. 학교 끝나고 전단지 아르바이트를 한 뒤, 늦은 시간에는 배달 아르바이트를 했다. 밥을 먹지 않아도 돈을 버는 것이 좋아 배고픈지도 모르고 즐겁게 아르바이트를 했다. 그릇 수거하러 가서 탕수육 남는 것이 있으면 주워 먹으며, 방지턱을 넘을 때마다 그릇 통에서 온갖 잔반 섞인 국물이 뒤통수에 튀는 것을 맞으며 했다. 하루는 비싼 아파트에 배달을 가게 되었는데 엘리베이터에 모녀와 함께 탔다. 아주머니는 “너도 공부 안 하면 저렇게 된다”라고 말했다. 기분이 좋지 않았지만 현실이었다. 묵묵히 일했다. 나는 돈을 벌어야 했고, 모아야 했고, 그리고 부자가 되어야 했다.

이러한 어릴 적 불우한 환경에 난 부자가 되기로 결심했다. 어쩌면 그간 부족했던 것은 돈이 아니라 무언가를 하고 싶은 열정이었는지도 모른다. 부자가 되어서 엄마의 사랑에 보답하고 싶었다. 29살의 나는 지금 신형 포르쉐를 타고, 고층 주상복합아파트에 살며, 수 십억 원의 투자금을 운용하고 있다. 이 책은 가난한 환경 속에서 망상으로 밖에 접할 수 없었던 환경들을 내 손으로 하나하나 이뤄 나가며 현실로 바꾼 나만의 경험담이다. 이 책을 읽은 독자님들도 어떤 목표라도 이룰 수 있는 동기부여를 받았으면 좋겠다.

1부

부자 될 결심

'격차'에 대한 집착은 단순히 어려웠던 어린 시절이나 개인의 성향만은 아니었다. 나는 하는 일에 언제나 재미를 느꼈다.

CHAPTER. 1

아버지와 야반도주

야반도주

이정욱, 1994년 12월 13일 전라남도 광양 출생. 전라남도 광양에서 태어나서 초등학교 1학년까지 살았다. 광양에 살았을 때는 특별히 우리 집이 가난하다는 생각을 해본 적은 없었다. 나이가 어려서 그런 것도 있고, 돌이켜보면 넉넉하지는 않았지만 아파트에 살아서 평범한 정도로 생각했던 것 같다.

학대와 폭력

사는 수준은 평범했지만 그 안에서 평범하지 않은 것이 있었다. 가정폭력. 아버지는 내가 기억을 하기 시작한 때부터 어머니를 때렸다. 매일 술을 먹고 들어오셨고, 술을 마시고 들어오신 날에는 집안 물건을 다 때려 부수고 어머니를 폭행했다. 어머니에 그치지 않았다. 누나들은 물론이고 막내인 나에게까지 아버지의 폭력은 영향력을 행사했다. 매일 같이 아버지에게 학대에 가까운 폭력을 당하며 살았다.

가장 공포스러웠던 기억이 있는데, 하루는 늦은 저녁 아버지가 술에 취해 들어와서는 대뜸 어머니를 칼로 위협했다. 어머니는 우리와 함께 방 안으로 피신했고, 방문을 걸어 잠그고 아버지가 들어오지 못하게 방문을 기대며 막았다. 아버지는 문이 열리지 않자 칼로 방문을 마구마구 찔렀고, 칼이 방문을 찌를 때마다 묵직한 나무 바스러지는 소리가 났다. 소리와 함께 아버지의 위협적인 칼날 또한 방문을 뚫고 들어왔다. 아버지는 연신 "죽인다"를 외쳤다. 우리는 그 외침과 폭력에서 언제나 아무 일 없이 끝나기를 바라며 도망가기 일쑤였다. 그저 울면서 제발 이 시간이 무사히 지나가길 기도할 뿐이었다.

또 다른 어느 날은 아버지가 마찬가지로 술에 취한 채 들어오셨지만 기분이 좋아 보이셨다. "우리 아들, 이리 와 봐."라고 나를 불렀고, 나는 아버지 무릎에 앉았다. 기분이 좋아 보였던 아버지는 갑자기 뺨을 한 대 때리더니 계속해서 때렸다. 무서워서 움직이지도 못하고 그저 앉아서 계속 뺨을 맞을 뿐이었다. 이 상황이 계속되자 어머니는 아버지를 말렸는데, 아버지는 행동을 그치는 대신 이번에는 타깃을 변경해 어머니를 때리기 시작했다. 어머니는 나 대신 맞고 또 맞았다.

당시 유치원을 다니던 때인데 이런 것을 티 내고 싶지 않아 친구들과도 잘 지내고 활발하게 잘 다녔는데, 스트레스가 컸는지 이때부터 틱 장애가 생겼다. 사람들이 있을 때는 억누르며 티를 내지 않으려 애쓴다. 지금까지도 약을 먹고 있을 정도로 그 시간이 만들어 낸 후유증은 내게는 너무나 큰 아픔이다.

야반도주와 차별 생활

초등학교 1학년 어느 날, 어머니가 결심을 했다. 당신을 위해서도, 그리고 누나들과 나를 위해서도 더 이상 아버지와 살 수는 없었다. 어머니는 아버지가 집에 없는 시간을 이용해 도망을 준비했다. 동네 아주머니들까지 와서 짐을 싸는 것을 도와줬다. 그렇게 짐을 바리바리 싸서 엄마와 큰누나, 작은누나, 그리고 나는 서울로 도망쳤다.

어머니의 계획은 '도망'까지였다. 갑작스러운 결정이었기에 어디에 어떻게 머물지 준비할 시간은 없었다. 우리 가족의 서울로의 도피는 그만큼 갑작스러웠다. 도망은 쳤지만 집이 없었다. 서울로 함께 도망을 왔지만 함께 살 수는 없었다. 일정한 주거지가 생길 때까지 친척 집에 신세를 져야 했다. 누나들은 친척 집에 맡겨지고 나와 어머니는 작은이모 집에 신세를 졌다. 어머니는 동대문 옷 시장에서 밤에 일하며 돈을 벌었다. 친척 집에 신세를 진 기간은 2~3달가량으로 길지는 않았지만 이 또한 지옥이었다. 작은이모 집은 사촌형과 사촌누나, 사촌동생, 그리고 이모할머니가 계셨는데 이모할머니에게 나는 언제나 차별 대상이었다. 식사시간에 내가 먹을 수 있는 반찬은 언제나 한정적이었고 내 젓가락과 수저가 향하는 길에는 언제나 감시의 시선이 따라붙었다. 거실에서 불을 켜고 있는 것, 옷 입는 것, TV를 보는 것, 집 안에서 소리를 내는 것 등 내 일거수일투족 모두가 감시의 타깃이었다. 하루 일과에 차별은 기본 조건이었고, 여기에 사촌형에게 종종 이유 없이 맞기도 했다. 새벽에서야 들어오시는 어머니를 기다리는 것이 어린 이정욱 인생의 즐거움의 전부였다. 이렇게 친척 집을 전전하는 지옥 같은 하루하루 속에서 가정에 대한 결핍이 생겼고, 그 정도는 날이 갈수록 커져만 갔다.

첫 우리 집과 망상놀이

가족이 함께 모여 살 수 있는 집

밤낮으로 동대문에서 일을 하던 어머니는 어느 날 이제 함께 모여서 살 수 있다고 말했다. 그간 마음고생이 심했던 나는 바로 단꿈에 빠졌다. 이제 드디어 친척 집에서 해방된다는 안도감과 내 방을 어떻게 좋아하는 것으로 꾸밀지 등의 기대감에 부풀었다. 하지만 현실은 내 핑크빛 전망과는 많이 달랐다. 서울 성북구 정릉동에 위치한 낡은 빌라의 옥탑방이 우리 네 가족이 함께 모여 살 첫 집이었다.

우리 집이 생기고, 거기다 내 방이 생긴다는 생각에 기대감이 하늘을 찌르던 나는 크게 실망했다. 옥탑방은 단순히 실망 정도가 아니라 처참한 수준이었다. 지금 생각해 보면 사회 초년생 자취방보다도 못한 수준이었다. 거실은 따로 없고 부엌과 작은방 2개, 화장실이 전부였다.

크기도 작았지만 너무나도 낡았다. 집 안 모든 스위치는 기본적으로 너덜너덜했다. 이곳에서 사는 동안 이 너덜너덜한 스위치 때문에 불을 켜다가 감전까지 당했을 정도. 생각과는 다른 처참한 환경만큼이나 어린 이정욱이 마주해야 할 것들은 많았다. 밤낮으로 일하시는 어머니가 너무나 바빠서 운동화와 실내화, 실내화주머니 등 내 빨래는 언제나 내 몫이었다. 외에도 또래 친구들은 일반적으로 하지 않는 많은 것들을 나는 내 스스로 해내야만 했다.

이런 물리적인 그리고 환경적인 부분보다 더 큰 영향은 눈에는 보이지 않는, 이를테면 심리적인 혹은 철학적인 부분에 대한 영향이었다. 이 시기에 주거에 대한, 보다 크게는 돈에 대한 결핍이 많이 생겼고, 지금의 시간까지 이어지는 '끝없는 돈에 대한 갈망'이 시작된 시점이기도 했다. 이 시기에 처음으로 현실을 인지했다. 우리 집이 많이 가난하다는 것을 처음으로 알았고 자연스레 콤플렉스가 내면에 스며들었다. 동시에 부자의 꿈을 매우 분명히 꾸기 시작했고 지금도 일이든 업무 외 사항이든 일과를 지배하고 있는 '망상놀이'도 이때부터 하기 시작했다. 당시 매주 홈쇼핑 잡지가 집으로 배달이 되었는데, 집에 혼자 있는 시간이 많아서 이 잡지를 보는 것이 유일한 재미이자 취미였다. 이 잡지만 보면 나만의 세계에 들어가 갖고 싶고 하고 싶은 모든 것을 할 수 있었다. 상상 속의 큰 집을 만들어 놓고 거실과 각 방 등 공간마다 놓을 가구를 고르고, 실제로 손으로 하나하나 그리며 상상 속의 대저택을 완성했다. 단순한 망상놀이가 아닌 부자가 되는 상상이었고, 부자가 되는 계획이었다. 부자가 되는 상상과 계획은 시작점인 망상놀이로 잠깐 맛만 보는 것은 아니었다. 이 시기부터 없는 살림에도 집에 책이 하나둘씩 쌓여갔고, 책에 자연스레 노출이 되면서 홈쇼핑 잡지 보듯 책을 하나둘씩 읽어나갔다.

위에 언급한 것들은 결과론적으로 긍정적인 부분이었지만 사실 가난했던 유년 시절은 당연하게도 실도 많았다. 위에도 잠시 언급한 '비교'가 가장 힘들었다. 비교를 당하는 것이 비일비재했고 당연한 하루하루의 일과였다. 직접적인 비교도 비교지만 혼자되려 느끼는 자격지심과 여기에서 오는 자괴감이 더욱 힘들었다. 물론 비교에 익숙해지고 비교 없이 소위 말하는 '성공'은 없다는 것도 이 어린 시기부터 가슴 깊이 느껴온 것과 비교가 지금까지 인생에 있어 언제나 성공으로 향하는 채찍 역할을 해준 부분은 너무나도 큰 자산이다. 하지만 이 속에도 시간이 지나고 보니 큰 실이 있었다. 비교를 당하다 보니 자연스레 없어 보이는 것이 싫어서, 나도 으스대고 자랑하고 싶어서 어느샌가 내 안에 '가짜 이정욱'을 탄생시켰다.

트리거는 외할아버지 유품이었다. 외할아버지가 돌아가시고 사용하시던 폰을 내가 쓰게 되었다. 당시 일반적으로 우리 집 수준의 형편이라면 핸드폰을 가진다는 것은 꿈도 못 꿀 일이었다. 하지만 이 꿈도 꾸지 못할 상황이 벌어졌고, 나는 이 상황을 마음껏 즐기기로 마음을 먹었다. 어린 나이에 친구들이 서로의 집을 가보지 않는 이상 형편을 알 수도, 확인할 수도 없으니 나는 '가상의 이정욱'을 창조해냈다. 가상의 이정욱의 집은 호화로웠다. 마당이 있는 집과 좋은 차, 컴퓨터와 다양한 게임기가 가득한 내 방, 그리고 매달 다 쓸 수 없을 정도의 많은 용돈까지. 이때부터 좋지 않은 버릇이 생겼다. 나를 과하게 포장하고 허영을 떨고, 가진 것에 대해 거짓말을 하는. 이 좋지 않은 버릇은 무려 성인이 될 때까지도 나를 놓아주지 않았다.

이렇듯 '첫 우리 집'은 내게 가난한 현실 인식과 돈의 무서움, 이로 인해 혼자 어떠한 것도 스스로 해내야 하는지 등 비교적 어린 나이에 철이 들게 함과 동시에 '가짜 이정욱'을 탄생시켰다. 이것들 모두 찢어지게 가난했던 유년 시절의 선물이었다. 의도하지는 않았지만.

원망의 기억

아버지에 대한 기억

아버지는 호탕한 사람이었다. 좋게 이야기하면 사람들에게 베푸는 성격의 사람이었고, 조금 다른 시각으로 이야기하면 이미지메이킹을 하는, 내가 똑같이 물려받은 '가짜 인생'을 사는 사람이었다. 서울로 도망을 와서도 아버지와의 연락은 종종 통화로 이어졌다. 9살 어느 날, 아버지는 통화로 편지를 보내달라고 말했다. 나는 "알겠어요"라고 답을 했다. 하지만 속마음은 달랐다. 아버지에게 따로 할 말이 없었다. 며칠이 지난 후 또 전화가 왔다.

"정욱아, 아빠한테 편지 보냈니?"

"아직 못 보냈어요. 써서 보내드릴게요."

또 며칠이 흘렀다.

“편지가 안 왔네. 주소를 잘 못 쓴 거 아니니? 정말 아빠한테 편지 쓴 거 맞지?”

“네. 편지 썼어요….”

아버지는 더 이상 전화를 하지 않으셨다. 편지는 쓰지 못한 것이 아니라 쓰고 싶지 않아서 쓰지 않았다. 아버지에 대한 원망이 컸고, 왜 가정을 지키지 못하셨는지에 대한 미움이 가득했다. 이런 아버지를 보며 막내임에도 불구하고 누나들과 엄마를 내가 꼭 지켜야지 하며 ‘내 가족은 내가 지킬 거야’라는 생각을 항상 가슴속에 품고 살았다.

터널 속 소원

그렇게 몇 달이 지났다. 길어도 한 달에 한 번씩은 전화하시던 아버지 전화가 오래도록 오지 않았다. 그러던 어느 날 학교 수업 시간 중에 선생님이 잠깐 나갔다 오시더니 나를 불렀다. 본능적으로 좋지 않은 상황임을 느꼈다. 선생님은 “정욱아, 지금 집으로 가봐야겠다”라고 말씀하셨다. 불안한 마음을 안고 집으로 향했다. 집에 도착하니 어머니가 지금 광양으로 내려가야 된다고 말씀하셨다. 아버지가 뇌출혈로 쓰러져 의식이 없는 상태라고 전하셨다. 어머니와 누나들과 함께 광양으로 향했다. 광양에 도착해서 병원을 가는 차 안에서 터널이 나타나자 작은누나는 말했다.

"터널 지나는 동안 숨 참고 소원을 빌면 소원이 이루어진대."

나는 어려서 숨 참기가 힘들었음에도 누나 말을 듣고 열심히 숨을 참아가며 소원을 빌었다.

'제발 우리 아빠 살려주세요.'

아버지에게 좋은 기억보다는 맞으면서 큰 좋지 않은 기억이 많았음에도 돌아가시는 것은 무섭고 싫었다. 병원에 도착하니 아버지는 의식 없이 누워 계셨다. 당연히 말도 할 수 없는 상황이었다. 다음날, 아버지는 의식을 차리지 못하신 채 그대로 돌아가셨다. 장례가 끝날 때까지 이상하게 눈물이 한 번도 나지 않았다. 그리고 나중에 어머니에게 듣고 안 사실인데 아버지는 내가 어릴 적 달력에 그려드렸던 그림을 마지막까지 간직하고 계셨다.

CHAPTER. 2

부자 될 결심

가난과 저축

옥탑방에서의 하루하루가 2년 가까이 되던 어느 날, 아주 오랜만에 어머니가 희망의 메시지를 전했다. 이사 이야기였다. 오랜만에 느껴보는 단꿈의 달콤함이었다. '이제 이 지긋지긋한 옥탑방에서 탈출하는구나'라는 생각은 그 어린 나이에도 정말이지 달콤했다.

우리 네 식구는 서울 성북구 정릉동에서 경기도 군포시 산본동으로 이사를 떠났다. 서울에서 경기도로? 세상 물정 모르는 어린애였지만 이 정도 판단은 가능했다. '다운그레이드인데?' 이번에도 희망에 찬 부푼 꿈은 이루어지지 않았다. 현실은 여전히 냉랭하고 냉정했다. 어수선한 시장통에 있는 낡은 빌라가 우리 가족의 목적지. 옥탑방과 달라진 것이 있다면 층이 유일했다. 거실 없는 방 2개, 이번에도 나만을 위한 방은 없었다. 이사를 하고 보니 우리 이사는 '벌이가 나아져서', '더 좋은 집으로' 등의 이유는 아니었다. 동대문 옷 시장에서 일하던 어머니가 '경기도 산본에 직장을 구하셔서'가 이유의 전부였다.

초등학교 3학년 이정욱은 이제 세상 돌아가는 것을 안다고 생각했다. 우리 집은 여전히 가난의 절정을 달리고 있는 상황, 주변 친구 그 어떤 누구도 우리 집 수준의 생활환경은 없었다. 내가 바닥 중에서도 바닥이었다. 그래서 나는 부자가 되어야 했고, 돈을 벌어야 했고, 돈을 많이 갖고 있어야 했다. 그래야 남들에게 뒤처지지 않는 사람이 될 수 있었다. 실제 환경을 비교했을 때 다른 아이들보다 없으니, 보이는 모습에서만큼은 뒤처지지 말아야 했다.

부자가 되어야 했고, 이 부자가 되기 위한 단계를 밟아야 했다. 방법은 두 가지였다. 수중에 돈이 있는 사람이어야 했고, 장기적으로도 돈을 많이 버는 사람들이 행하는 길을 선택해야 했다. 첫 번째 방법을 충족하기 위해서 나는 저축을 선택했다. 어머니가 주시는 용돈과 명절 등에 친척들에게 받는 세뱃돈 등은 쓰지 않고 모두 모았다. 천 원짜리를 10장 모아서 만 원짜리로 바꿨고, 이 만 원짜리는 집 안 나만 아는 비밀스러운운 곳에 꼭꼭 숨겨놓았다. 당시 명절 이후 학교에 등교해 친구들과 이야기를 하면 명절에 받은 용돈을 어머님들은 '당신들이 모아서 나중에 준다는 명목'으로 압수해 가곤 했다고 하는데 어머니는 한 번도 그런 경우가 없었다. 쓰고 싶은 거 안 쓰고 쌈짓돈을 꼬깃꼬깃 모으는 걸 아셨는지 오히려 대견해 하셨다. 아르바이트가 가능한 나이가 아니기에 용돈 말고는 돈을 만들어낼 수 없기에 당시 할 수 있는 모든 방법을 동원해 돈을 벌었다.

초등학교 벼룩시장에 나타난 큰손

초등학교 3학년 1학기 산본 초등학교 벼룩시장, 매년 열리던 벼룩시장이 운이 좋게도 내가 전학 오고 얼마 후 바로 열렸다. 집에서 판매할 수 있는 물건들을 벼룩시장에 가지고 와서 아이들끼리 거래하는 나눔 행사 성격의 벼룩시장이었다. 친구들은 보통 장난감이나 만화책, 잡동사니 등을 들고 와 거래를 했다. 내 선택은? '컵라면'이었다. 우리 집에는 장난감이나 만화책 등 어린이 사치품(?)은 존재하지 않았다. 벼룩시장의 일반적인 물품은 없다 보니 우리 집에서 가져갈 수 있는 물품 중 판매할 물품을 선정해야 했고, 나름의 장사 수완을 발휘할 수 있는 고민 끝에 결정한 물품이었다. 백만장자가 되는 꿈을 꾸며 그렇게 컵라면 3개와 뜨거운 물을 가득 담은 보온병을 들고 신나게 등교를 했다.

초등학교 벼룩시장이지만 시장은 시장이었다. 시장경제는 냉혹했다.

"이건 바가지지. 컵라면이 700원인데 종이컵 한 컵에 500원은 너무 비싸!"

종이컵 한 컵에 면 한 젓가락과 국물 약간 넣고 500원. 내 가격 정책에 문제가 있는 것일까. 고객들 대부분은 내 제품에는 눈길도 주지 않은 채 장난감과 만화책에만 군침을 흘리고 있었다. 여기저기서 가격 흥정과 네고, '싸네 비싸네, 깎아주네 마네' 등의 이야기가 들렸다. '라면은 끓여야 제맛'이었다. 시장에 활기가 더해지는데 내 상점은 찾는 이들이 없자 나는 '냄새 공격'을 시전했다. 팔팔 끓는 물을 부은 컵라면의 냄새는 옅지만 강하게 시장에 퍼져나갔다. 물품을 구매하느라 열띤 토론을 하고 가격을 깎는 등 에너지를 소비해서인지 고객들은 라면 냄새에 슬슬 반응하기 시작했다. 어떤 경우든 '개시'를 해줄 고객이 필요했는데, 나는 가장 큰 영향력을 행사할 수 있는 고객에게 눈길을 보냈다. 그 고객은 내 눈길을 바로 알아채더니 바로 반응했다. 학교 짱은 고객들 사이를 비집고 들어와서 컵라면 한 컵을 요청했다.

"학교에서 컵라면 처음 먹어보는데 엄청 맛있는데? 너무 맛있다."

학교 짱의 먹방과 맛 표현은 내 제품의 마케팅에 압도적인 영향력을 행사했다. 시장의 판도와 분위기가 순식간에 뒤집어졌다. 내 컵라면 상점 앞은 갑자기 문전성시를 이뤘다. 고객들은 꼬리에 꼬리를 물고 줄을 섰다. 컵라면은 벼룩시장 최고의 히트 상품이 되었고 순식간에 매진되었다. 너무 잘 팔린 나머지 나중에는 국물만이라도 판매해달라는 요청이 빗발쳤고, 하는 수 없이 추가로 국물만 한 컵에 200원에 판매하기로 결정을 했다. 그리고 이마저도 순식간에 매진되었다.

사재기 나선 큰손

약 300%, 8,500원. 성황리에 벼룩시장 장사를 마친 이정욱 사장님의 첫 성적표였다. 컵라면 구입에 2,100원. 물과 가스비는 엄마 찬스. 2,100원으로 8,500원 매출을 일으켰고, 순이익은 6,400원으로 영업이익률 300%를 넘긴 꽤 큰 성과였다. 하지만 이제 시작이었다. 이정욱 사장님의 큰 그림에서 컵라면 상점은 초기 자본금을 위한 첫 단추에 불과했다. 엄청난 자본금을 등에 업고 시장 순찰에 들어갔다. 모든 반을 돌며 좋아 보이는 물건을 찾았다. 그리고 흥정 또 흥정을 했다.

"이거 나 아니면 살 사람 없어~ 절반 가격에 팔아"

물건값을 대부분 절반을 깎아 좋아 보이는 물건들을 싹 다 사재기했다. 내가 시장을 한 번 돌고 난 후 이제 시장에서 좋은 물건을 찾기는 쉽지 않았다. 그러고는 다시 상점을 열었다. 이제는 명품숍이었다. 벼룩시장에서 가장 값비싼 물품들이 내 상점을 가득 채웠다. 죄다 좋은 제품들만을 모아놓으니 괜찮은 제품들은 더 좋아 보이는 효과를 보였고, 상품들은 이렇게 서로 시너지를 냈다. 좋은 제품들이 한데 모이니 다시 고객들이 장사진을 이뤘고, 결과는? 또다시 완판이었다. 벼룩시장이 끝나고 내 손에는 만 원짜리 세 장이 쥐어져 있었다. 2,100원이 하루 만에 3만 원으로 바뀌어 있었다.

매년 열리는 산본 초등학교 벼룩시장은 내게는 빅 이벤트였다. 그렇게 용돈을 모아가는 도중에 큰돈이 쌓여갔고 저축에도 재미가 붙으며 저축액도 조금씩 커져갔다. 친구들처럼 로봇이나 장난감, 축구공, 레고나 군것질 등에 돈을 쓸 수도 있었지만 아예 관심이 없었다. 유일한 흥미가 돈이었다. 무엇을 사는 재미보다는 돈 자체를 모으는 재미가 더 컸다. 저축액이 늘어나는 것을 보는 재미에 푹 빠졌다.

한 달에 100권, 독서왕

옥탑방 시절부터 부자가 되는 계획을 세우고 재미를 붙이면서 꾸준히 하기 시작한 것이 있다면 저축과 독서다. 어머니는 형편이 좋지 않았음에도 옥탑방 때부터 책에는 돈을 아끼지 않으셨다. 나와 누나들을 위해 꾸준히 책을 선물하셨고, 책장에는 어느새 책이 빼곡히 찼다. 학교 추천 권장도서가 공지되면 모든 책이 이미 집에 있을 정도였다. 또한 평소 당신이 책을 읽는 모습을 보이며 어린 내게 자연스럽게 독서에 대한 습관을 만들어주었다. 자연스레 책을 하나 둘 소화하기 시작했다. 그리고 조금씩 재미를 붙여나갔다.

어느 날 손에 쥔 <죄와 벌>과 <연탄길>을 시작으로 독서를 재미로 즐기기 시작했고, 꽤 분량이 있는 <대지>와 빌 게이츠 자서전까지 파고들게 되었다. 독서량은 매달 수 십 권을 넘어선데 이어, 100권도 돌파했다. 그리고 100권을 돌파한 달에는 학교에서 반 독서왕까지 하게 되었다. 독서왕을 하자 재미에 흥미와 자신감까지 더해지며 독서는 이 계기로 흥미가 생겼고, 내 독서에 결정적으로 날개를 달아주는 계기가 되었다.

저축과 독서에 흥미를 느꼈던 것을 다시 되돌아보면, 이 둘은 남들과의 비교 우위 지점에 설 수 있다는 나만의 공통점이 있었다. 지금도 크게 다르다고는 생각하지 않는데, 이 비교에서 오는 우월감은 언제나 나를 앞으로 나아갈 수 있게 해줬고, 이는 언제나 성장으로 이어졌다.

CHAPTER. 3

자산 증식 스타트

12년 인생 첫 '내 방'

초등학교 5학년에 올라갔다. 시장통에 산 지 2년, 우리 가족은 또 한 번의 이사를 감행했다. 이번에는 희망에 찬 부푼 꿈이 헛되지 않았다. 나는 12년 인생 처음으로 내 방을 갖게 되었다. 밤낮으로 일하셨던 어머니는 나와 누나들에게 처음으로 각자의 방을 선물했다. 모든 것이 완벽했다. 같은 군포시 산본동에 위치한 신축 빌라의 3층, 방은 3개나 있었고, 화장실도 무려 2개나 있었다. 이정욱 인생의 전성기가 시작되었다. 이제 더 이상 우리 집은 가난하지 않았다. 급식비를 못 내는 일은 이제 없었고, 집에는 플레이스테이션까지 생겼다. 옥탑방과 시장통 빌라에는 한 번도 친구들을 초대하지 않았는데, 처음으로 친구들을 집으로 초대했다.

나는 우리 집 형편이 나아지기 전부터 이미 부자였다. 이미 초등학교

2~3학년 때 용돈을 1,000원, 2,000원 모아서 15만 원을 넘게 모았다. 영화 등을 보고 따라 한 집안 곳곳 금고에는 현금이 여기저기 쌓여 있었다. 그중 가장 애정하는 금고는 거울 뒤 돈 봉투로 집 안을 거닐다가 거울을 볼 때면 항상 '씨익'하고 웃고 지나갔다. 지갑 속에도 언제나 만 원짜리와 천 원짜리가 두둑이 들어 있었다. 지갑 속 현금은 언제나 3만 원에 맞춰져 있었다. 친구들과 함께 있는 자리에서는 일부러 지갑을 잘 보이게 두었다. 어느 날은 친구가 감사하게도 이를 캐치해 주었다.

"정욱아, 와! 너 돈 많다. 왜 이렇게 많아?"
"아, 별거 아니야. 오늘 용돈 받았어."
"이렇게 많이? 와, 좋겠다."

나는 기분이 하늘을 찔렀다. 친구들을 모두 데리고 학교 앞 슈퍼로 향했다.

"하나씩 골라."
"오늘부터 사장님으로 모시겠습니다."
"경식이는 이 대리하고, 축구 잘하는 영진이는 전무하고~"

하루하루가 즐거웠다. 가난이라는 굴레에서 벗어났다는 해방감은 이루 말할 수 없었다. 저축과 용돈 모으는 재미는 더욱 커졌고, 자신감과 만족감 역시 인생 최고를 찍었다.

통장 잔고 100만 원

50만 원과 어머니 생일선물

초등학교 5학년 2학기, 어머니 생신을 앞두고 내 비밀 금고의 현금을 모두 합해 보았다. 50만 원이 넘었다. 세상 모든 것을 가진 것 같았다. 그리고 빨간 돼지저금통을 통째로 어머니 생일선물로 드렸다. 황금돼지를 갈라 세어보니 그 안에는 꼬깃꼬깃한 지폐와 무거운 동전들이 있었고 세어보니 38만 원이나 되었다. 밤낮으로 매일 고생하시는 어머니께 힘이 되어 드리고 싶었다. 어머니는 "고맙다. 정욱아"라며 눈물을 흘리셨다. 어머니의 기쁨의 눈물보다 더욱 기뻤다. 효도를 했다고 생각했고, 많이 뿌듯했다. 어머니가 좋아하시니 기분이 더욱 좋았다. 누군가에게 선물하고 내 것을 나누는 것, 베푸는 것에 대한 감정 또한 처음 느끼게 되었다.

통장잔고 100만 원과 사업가

이제는 친구들처럼 평범한 삶을 사는 것 같았다. 어린 이정욱을 지배했던 자격지심과 피해의식은 이제 서서히 색이 옅어졌고, 가난했던 시절의 기억에서 조금씩 벗어났다. 저축은 여전히 꾸준하게 차곡차곡 진행했고, 초등학교 6학년 때는 책을 보다 '주식시장'의 존재를 알게 되었다. 나름의 공부 끝에 투자를 하게 되었다. 그리고 인생 처음으로 통장잔고 100만 원을 돌파한다.

당시가 아직도 선명하다. 통장 잔고가 50만 원을 넘어서고는 '곧 있으면 100만 원 되겠는데?' 하며 엄청 설레었다. 동시에 '돈이 한 번 모이면 계속 모이니 이게 한편으로는 참 쉽구나. 사고 싶은 거 잘 참아내서 다행이다'라는 생각을 했다. 10만 원을 모으면 20만 원, 30만 원이 바로 모였고, 50만 원이 모인 이후 오래되지 않아 바로 100만 원을 돌파한 것이다. 저축하는 것을 막연하게 생각하지는 않았지만, 그렇다고 구체적이고 분명한 목적이나 목표가 있었던 것은 아니었다. 그저 일상처럼, 밥 먹는 것처럼 당연하게 돈을 모았다.

당시 친구들과 있으면 언제나 내가 돈이 가장 많았는데 이런저런 고민을 하다가 한 가지를 생각했던 것이 기억이 난다.

'친구들은 왜 돈이 항상 없을까?'

단순에게는 그저 '저축을 하지 않는구나'라고 생각했지만, 조금 더 깊게는 욕심을 참아내지 못한다고 생각했다. 훗날 이때 했던 생각들을 정리해 보니 아래와 같았다.

첫 번째, 인내와 욕심 : 나는 인내했고 친구들은 욕심을 부렸다.

두 번째, 우선순위 : 내게는 장기적인 부가 더 중요했다. 친구들은 당장 눈앞에 닥친 쾌락이 더 중요했다.

세 번째, 보상의 시기 : 나는 언제나 내가 목적하는 바를 조금이라도 이룬 후 내게 보상을 줬다. 친구들은 정반대였다.

이 시기부터 이정욱의 꿈은 사업가였다. 조금 더 구체적으로 이야기하면 '부자 사업가'. 돈을 조금씩 모아가다 보니 돈 모으는 것에 익숙해졌고, 동시에 '돈'과 친해졌다. 어른이 되면 사업을 해서 돈을 벌어야지 하고 생각했다. '직장인과 사업가'의 차이와 구분이 이 어린 시절부터 너무나도 명확했다. 훗날 <총각네 야채가게>이라는 책을 읽고는 꿈은 사업가에서 기업가로 바뀌었다.

모든 아르바이트 섭렵

'이제 드디어 나도 본격적으로 돈을 벌 수 있다!'

고등학교에 올라가며 가장 신이 났던 것 중 하나가 바로 이제 아르바이트를 할 수 있다는 것이었다. 전단지부터 배달, 서빙 등 당시 미성년자가 할 수 있는 모든 아르바이트를 경험했다. 학교 끝나고 전단지를 돌리고 이게 끝나면 배달 아르바이트를 했다. 방지턱을 넘을 때마다 그릇 통에서 온갖 잔반이 섞인 짜장면 국물이 뒤통수에 튀었다. 배가 고프면 그릇을 수거하러 가서 탕수육 남은 게 있으면 주워 먹기도 했다.

"공부 안 하면 저렇게 된다!"

한 번은 아파트에 배달을 갔는데 엘리베이터에서 한 모녀를 만났다.

이 아주머니는 작은 소리로 자신의 아이에게 말했다.

"너 공부 안 하면 저렇게 된다. 공부 열심히 해! 알았어?"
'이 정도면 그냥 내게 직접 해도 될 정도인데 왜 속삭이시는 거지?'

저 반대쪽에서도 들릴듯한 소리였는데 이 아주머니는 이상하게 손을 입에 가져댄 채 속삭이듯 말했다. 아이는 내 차림새를 보더니 자신의 미래 모습과는 어울리지 않았는지 아주머니를 보고는 고개를 끄덕였다. 내 상황이 비참하기는 했지만 이미 더 힘든 시기도 버텨냈기에 별다른 생각은 없었다. 그저 돈을 모을 뿐이었다.

고등학교에 입학하자마자, 100만 원대에 머물러 있던 잔고는 300만 원을 훌쩍 넘어서는 퀀텀 점프를 하며 새로운 챕터에 들어섰다. 이 시기부터는 지갑에 항상 30~50만 원을 현금으로 갖고 다녔다. 언제나 든든했고 자신감은 넘치다 못해 하늘을 찔렀다.

고등학교 시절 아르바이트만큼 특별한 것이 있다면 바로 뉴스와 신문이었다. 시간이 나면 언제나 뉴스를 시청했고, 신문도 좌우를 합작해 양쪽 모두를 보았다. 언제부터인지는 모르겠는데 정보는 균형감을 갖고 있어야 한다고 생각했던 것 같고, 그래서 더 양방향 소비에 집중했다. '광우병 사태' 등 당시 주류 메시지와 시간이 흐른 뒤 드러나는 메시지가 상이한 사건 등은 더욱 관심 있게 내부를 들여다보았다.

CHAPTER. 4

통장 잔고 5,000만 원 대학생

“사장님이 그 전설의 라이더예요?”

훗날 광고대행사와 공유오피스 사업을 연속으로 성공시킨 후, 치킨 프랜차이즈까지 창업했을 때의 일이다. 당시는 이제 막 배달대행 시스템이 체계화되기 시작한 2021년이었다. 배달대행업체를 선별하고 라이더들이 배달을 위해 매장을 막 찾기 시작하던 어느 날, 한 라이더가 나를 보더니 말했다.

“사장님이 그 전설의 라이더예요?!”

“저를 아세요?”

“같이 배달하던 형님한테 들었어요. 배달 엄청 잘하셨다고, 거의 신의 경지였다고요.”

마지막으로 배달 일을 하던 시기가 이미 5년은 지났기에 잊고 있었던 시절이었는데 다시금 짜장면 잔반 국물 날리며 라이딩 하던 때가 생각났다. 아마도 함께 배달했던 형님들이 이야기를 하지 않았나 싶다. 그리고 입과 입을 통해, 마치 전설이 전해져 내려오듯 이야기가 구전이 되어 지금 배달을 하는 분들의 귀에까지 들어갔나 보다. 정말 신기한 일이다.

"그러면 배달한 돈으로 이 매장 차린 거예요? 대단하네요. 사장님." 이라는 물음에 "배달해서 차린 건 아니고 종잣돈 모아 사업하며 차리게 되었어요"라고 답하며 전설의 대화를 마무리 지었다.

배달에서도 2배의 성과

전설이라 불릴 정도는 아니지만 그 누구보다 치열하게, 그리고 압도적인 성과를 내며 배달을 했던 것은 사실이다. 배달 아르바이트를 선택한 이유는 단순하다. 당시 일반 아르바이트보다 월등히 시급이 높았다.

한 돈까스 집에서 배달을 할 때의 일이다. 당시의 배달 아르바이트는 지금과 같이 대행업체에 속한 것이 아닌, 해당 매장에 속해 일하는 방식이 대부분이었다. 그래서 음식점 배달의 경우 대부분 루틴이나 업무가 비슷했다. 9시에 출근하면 밥을 먹은 후, 박스를 접고, 국물과 반찬 등을 포장해 놓는다. 이런 업무를 마무리하면 보통 11시 정도가 되는데 이때부터 전화기가 울리기 시작한다. 그러면 전화기 앞에 있는 사람이 누구건 주문을 접수하고 그대로 배달을 나간다. 그리고 순서대로 배달을 돌아가며 하는 방식이다. 이렇게 순환하는 방식이기에 일반적으로 배달 라이더들의 일당 배달 건 수는 크게 다르지 않았다. 나를 제외하고는. 보통 일반 배달 라이더들의 하루 배달 건 수가 40건가량이라면 나는 두 배가량인 80건 정도를 했다. 어떻게 이게 가능하냐고? 간단하다. 농땡이를 안 치면 된다. 꼼수를 부리지 않고 여기에 경험만 조금 더하면 된다. 다음과 같이.

배달은 주문이 들어온 대로 아무리 순서대로 나간다고 하더라도 결국에는 나갔다가 다시 돌아오는 시간의 차이는 발생하게 마련이다. 그리고 이 시간의 차이는 숙련도 차이이기도 하지만, 이보다는 농땡이 시간의 차이가 더 큰 것이 사실이다. 예를 들면 이렇다. A 아파트 101동 201호에서 주문이 들어와 1번 라이더가 배달을 갔다. 그리고 잠시 후 A 아파트 101동 502호에서 또 주문이 들어와 내가 배달을 나갔다. 상식적으로는 1번 라이더가 먼저 복귀해야 하지만 대부분 이런 경우 내가 더 빨리 복귀했다. 복귀했는데 이미 주문이 쌓여있다면? 내가 또 먼저 나간다. 이런 횟수가 쌓이기 시작하면 앞에 말하는 대로 하루에도 배달 건 수 차이가 배까지도 벌어진다.

AI 탑재한 인공지능 배달 라이더

보통 배달 일을 하다 보면 배달 반경이라는 것이 생긴다. 그런데 돈가스 집의 배달 반경은 일반적이지 않았다. 위치는 안양과 의왕, 산본의

정 가운데였다. 피자 조각처럼 세 지역이 붙어있는데 이 세 곳의 정중앙에 위치하다 보니 배달 반경에 세 지역 모두가 들어왔다. 보통은 안양이면 안양, 의왕이면 의왕, 산본이면 산본만 다닐 텐데 나는 운이 좋게도 이 세 지역 모두를 커버하게 된 것. 배달 범위가 엄청 넓었는데, 이 넓은 지역을 압도적인 횟수로 왕복하다 보니 시간이 어느 정도 흐르고는 이 모든 지역의 지도가 뇌 속에 저장되었다.

예를 들어 어느 정도였냐면, 다른 라이더들은 의왕동 432-1 3층을 간다면 스마트폰으로 주소를 찍고, 대략적으로 위치를 확인하고 출발하고 가면서도 지속적으로 스마트폰 지도를 보며 확인하는 식이었다. 나는? 주소만 보고 바로 출발했다. 출발하면 머릿속에 이미 다운로드된 경로가 활성화되었고 자연스럽게 이 경로를 따라 이동했다. 여기서 끝이 아니었다. 지도를 외우는 건 당연하고, 신호등 시스템과 교차로 특성, 붐비는 시간대와 지름길 등까지 함께 연동되었다. 마치 영화 <마이너리티 리포트>의 가상 시뮬레이션 장면처럼 이번 교차로에서는 신호등이 언제 꺼지고, 다음 교차로에서는 신호등이 언제 켜지고, 지금 시간대에서는 세 번째 교차로에서 샛길로 빠지는 것이 더 빠르고… 등의 정보가 실시간으로 머릿속에서 연동되며 최적의 루트로 이동했다.

가상 지도와 교통통제 시스템까지 장착한 이후에는 퍼포먼스가 배 이상으로 뛰었다. 보통 배달 목적지 주소가 비슷하면 배달을 묶어서 가는 경우가 많은데, 다른 라이더들의 최대 묶음 배송 가능 건 수는 3건 정도였다. 나는 배달 통이 닫히지 않을 정도로 최대 8건까지 한 번에 배달을 했다.

이 시기 이후 배달 일이 더 재미있었다. 너무나 재미있었다. 더 열심히 하게 되었고, 이 모습이 나 아닌 다른 이에게도 느껴졌나 보다. 처음에는 사모님의 끝나지 않는 잔소리에 '그만둘까'를 셀 수 없이 고민했었지만, 이 시기 압도적인 배달 건 수를 기록하면서부터는 잔소리는 더 이상 내 것이 아니었다. 동시에 배달 외의 잡무에서 완전히, 그리고 언제나 열외였다. 어느 날은 사장님이 마감 시간에 부르시더니 "정욱이는 이거 좀 더 하고 들어가"라고 하셨다. 잡무는 거의 하지 않는 시기였기에 의아했지만 그 임무 또한 성실하게 수행했다. 그런데 잠시 후 다른 라이더들이 모두 퇴근하니 사장님께서 작은 봉투를 "고생했다. 정욱아" 하며 건넸다. 사장님 내외분은 나를 '복덩이'라고 불렀다.

오토바이가 난가, 내가 오토바이인가, 물아일체의 경지

압도적인 배달 건 수를 기록하다 보니 자연스럽게 오토바이 타는 기술 자체도 엄청나게 성장했다. 쉽게 말하면 드리프트가 가능할 정도로 오토바이를 다룰 수준이었다. 자연스레 기술만으로도 배달하는 시간을 엄청나게 줄일 수 있었다. 시간이 흐를수록 동료 라이더들과의 성과 차이는 더욱 벌어졌다. 이미 고등학교 시절부터 배달 아르바이트를 해오던 나는 벌써 5년 차 이상의 베테랑 라이더였다. 그리고 언제나 압도적인 성과를 냈기에 경험 또한 기하급수적으로 쌓이며 숙련도가 상승하는 차트의 기울기 또한 상대적으로 높았다. 이 시기의 마지막쯤에는 이런 생각까지 할 정도였다. '이 정도면 물아일체의 경지다. 오토바이가 나고, 내가 오토바이다. 내가 배달이고, 배달이 나다. 오토바이와 나는 한 몸이다.'

조금은 장난처럼 이야기했지만, 당시에도 이 '격차'를 벌리는 것을 또렷이 느꼈고, 이 격차를 만드는 것에 어찌 보면 집착했던 것 같다. 남들에게 뒤처지지 않는 수준이 아닌, 남들보다 언제나 앞설 수 있는 것에. 단순히 계산해 보아도 농땡이만 치지 않아도 하루에 배달 건 수는 10건 이상 차이가 났다. 이 10건이 10일이면 100건이 되고, 한 달이면 300건이 되었다. 1년이면 약 3,500건, 5년이면 약 1만 7,000건이다. 같은 일을 다른 사람보다 1만 7,000번 더 한다면 당연히 잘 할 수밖에 없다. 그것도 압도적으로.

'격차'에 대한 집착은 단순히 어려웠던 어린 시절이나 개인의 성향만은 아니었다. 나는 배달 일에서 언제나 재미를 느꼈다. 정말이다. 다른 사람들은 그냥 시간만 때우고 정해진 돈만 벌어가는데, 나는 이 차이를 만드는 것에 재미를 느꼈고, 이 차이가 더 많은 돈까지 만들어내니 재미 또한 더 커졌다. 선순환이었다. 내 입으로 이런 말 하는 것이 쑥스럽지만 당시 '달인의 경지'에 이르렀다고 생각했다. 환골탈태하고, 몸 안에 모든 나쁜 기운들이 빠져나가고, 새로운 이치와 깨달음을 얻고 이를 체감했다. '배달'이라는 일에서 말이다.

일 자체를 즐기니 육체적 피로가 쌓이지 않았다. 돌이켜보면 아침에 '아, 출근하기 싫다'이런 말을 해본 적이 없다. 이건 배달 일을 할 때뿐 아니라 지금까지 일을 하면서도 없었다. 어떤 일을 하든지 그 일 자체를 내 삶으로 받아들이고 즐기면서 하자는 생각이 강했던 것 같다. 재미없는 것이 없던 시기였다. 집에 가면 돈이 여기저기 쌓여 있었다. 서랍을 열어도 지폐 묶음이 쌓여있었고, 수납장을 열어도 지폐들이 반갑게 인사했다.

장사의 신

고등학교 시절 치열했던 아르바이트를 거쳐 이제 대학생이 되었다. 나의 메인 잡이었던 배달 아르바이트는 여전히 현재진행형이었다. 다만, 고등학교 시절과 달라진 것은 이제 세상의 모든 일을 다 할 수 있다는 것이었다. 내가 생각한 것을 그대로 실행에 옮겨 돈을 벌 수 있었다. 나는 이제 사업가가 될 준비를 마친 것이나 다름없었다.

대학교 축제에서 생맥주 파는 큰손

첫 번째 기회가 찾아왔다. 대학교 축제. 한 번 크게 땡길 기회였다. 어떤 메뉴를 팔아야 할지 고민을 했다. 일반적으로는 파전과 소시지 정도였고, 여기에 캔맥주와 소주 조합이 세트였다. 평범한 메뉴는 의미가 없기에 대학교 축제에서 이전에도 앞으로도 먹어볼 수 없는 메뉴를 선정했다. 바로 시장으로 향했다. 도매 전문 정육점에 가서 돼지고기 뒷다리살을 근 단위로 끊었다. 손질을 한 후 업소용 돼지갈비 양념에 재운 후 학교 축제 행사장으로 직행했다. 프라이팬? 노노. 숯불을 피웠다. 단연코 압도적인 메뉴였고 압도적으로 비싼 가격임에도 순식간에 동이 나 버렸다.

아, 숯불 돼지갈비만 팔지 않았다. 캔맥주도 좋지만 아쉬웠다. 인터넷을 검색해 마음에 드는 맥주 회사에 전화를 했다. 그리고 생맥주 기계를 대여했다. 대학 축제 유일 생맥주였다. 숯불 돼지갈비와 생맥주는 학생들에게 혁명이었고 축제 내내 불티나게 팔렸다. 하루 매출 200만 원을 넘게 찍어 신화를 썼다.

"라코스땡 양말, 4켤레 1만 원이요!"

직접 해 보고 싶은 것이 천지였지만, 그중에서도 노상 판매가 너무나도 궁금했다. 당시 라코스땡 브랜드의 로고가 보이도록 양말을 신는 것이 유행이었다. "이거다!" 바로 해봐야 했다. 매장에서 판매하는 양말은 한 켤레에 8,000원. 비쌌다. 로고만 보이면 되는데 너무 비싸다는 생각에 가품을 찾았다. 중국 현지에서 라코스땡 가품 양말 유통처를 찾았고 10만 원어치 정도를 주문했다. 켤레 당 500원도 안되는 가격이라 10만 원어치여도 무려 200켤레가 넘었다.

바로 금정역 앞으로 향했다.

“라코스땡 양말, 4켤레 1만 원!”

“정품은 아닙니다. 그런데 로고 보이는 건 똑같아요.”

“오히려 신축성은 더 좋은 것 같습니다. 한 번 보세요.”

퇴근하는 직장인들이 많은 관심을 보였고, 어르신들은 어린데 기특하다며 몇 켤레씩 사주시기도 했다. 정품이라고 속여 파는 것이 아닌, 있는 그대로 보여주며 강점을 어필한 것이 통했다. 내 생각으로는 양말을 좌우로 흔들며 들썩들썩하는 퍼포먼스가 킬링 포인트였다.

장사가 무르익어 갈 때쯤, 저 멀리서 조금은 다른 걸음걸이의 사람들이 보였다. 그들은 내게 다가오더니 말을 건넸다. 공무원들이었다.

“여기서 판매하시면 안 됩니다. 정리하세요. 한 번 더 하시면 구두 경고로 끝나지 않습니다.”`

“네. 알겠습니다. 잘 몰랐습니다. 정리하겠습니다.”

더 빨리 팔아야 했다. 퍼포먼스를 더 격정적으로 했고, 양말은 주변에 소문이 났는지 순식간에 불티나게 팔리며 ‘솔드아웃’을 기록했다. 빠른 완판 덕에 다행히 공무원들을 더 마주하는 일은 없었다.

23살 통장 잔고 5,000만 원, 15년차 사업가

초딩 쌈짓돈부터 시작해 고등학교 무한 아르바이트를 거쳐 대학생에 이르기까지 오로지 돈만 모으며 달려왔다. 이렇게 돈 되는 일을 다 하면서 산 결과 23살에 5,000만 원이라는 현금을 모았다. 이 5,000만 원은 이후 사업 자금에 시작점이 되었다. 돈도 돈이지만 사실 한 번 목돈을 모아본 경험이 내게는 더 크게 작용했다. 사업 대부분의 시스템과 프로세스는 돈 모으는 것과 다른 것이 단 하나도 없었다. 나이는 23살에 불과했지만 나는 이미 15년 차 사업가였다.

2부

월급 160만 원 사회초년생

같은 영업사원이지만 서로 다른 목표를 갖고 있었다.

그들은 전화를 했고, 나는 영업을 했다.

CHAPTER. 5

가난한 순수 예술 작가의 도태

4년 후를 보고 선택한 실업계

유년 시절의 목표와 꿈은 오로지 '부자가 되고 싶다' 뿐이었다. 중학교 시절 성적 또한 나쁘지도 그렇다고 좋지도 않은 애매한 중간 정도였다. 당시 생각에 인문계를 가면 밑을 깔아줘야 한다고 생각했고 실업계를 가면 뱀의 머리가 될 수 있다고 생각했다. 그런데 고등학교 진학을 위해 교육부 정책과 정보 등을 찾아보니 뱀의 머리든 용의 꼬리든, 실업계든 인문계든 내신 반영은 대학 입시에 똑같이 반영된다는 것을 알게 되었다. 실업계 내신 1등급과 인문계 내신 1등급의 점수가 같은 것이다. 실업계 1등급이 훨씬 쉬울 것이라 생각했다. 지금도 여전하다고 생각하는데 당시는 더 심했던 것이 실업계를 가면 좋지 않다는 생각, 조금 더 직설적으로 표현하면 실업계 가면 인생 망한다는 생각이 대부분의 평범한 사람들의 생각이었다.

그리고 중3의 마지막에 고등학교 진학을 전략적으로 실업계를 선택했다. 돌아보아도 쉬운 선택은 아니었다. 앞에서 언급했듯 실업계는 '공부하지 않는 학생들'이 가는 곳이었고, 우리 사회의 기본적인 인식은 처참한 수준이었다. 친척, 동네 어르신, 학교 선생님 등 어느 하나 좋은 시선으로 봐주지 않았다. '왜 그런 선택을 하는 거니?'부터 시작된 말들은 '실업계는 안돼! 원서 다시 써'를 거쳐 '인생 망한다', '인문계 가서 효도해야지' 등 다양한 방식으로 나를 압박했다. 하지만 이미 의사결정이 이루어진 후였다. 인식은 처참했지만 내가 이득을 취할 수 이는 방향이 우선이었다. 그렇게 실업계에 진학했고, 이후 생각했던 대로 내신 1등급을 유지했다. 중간고사와 기말고사에서 내 이름은 언제나 최상단에 위치했다.

이때부터였던 것 같다. 내 선택은 언제나 넥스트를 위함이 아니었다. 넥스트에 넥스트, 혹은 그다음 선택지까지 고려가 되어야 내 선택과 고민에 안심이 되었다. 당시 내 의사결정에 있어 고등학교 시절은 중요하지 않았다. 오로지 대학교 입시만이 중요했고, 그 목표에 가장 빨리 그리고 더 높은 확률로 클리어하기 위한 선택이었다. 1년 후가 아닌 4년 후를 위한 선택이었다.

충격적인 메타인지 결과

사실 당시 다들 비슷한 고민과 선택을 했을 것이라고 생각했다. 그런데 내 예상은 보기 좋게 빗나갔다. 고등학교에 진학해 친구들과 이야기 나눠보니 나와 같은, 아니 나와 비슷한 결의 고민을 한 친구가 단 한 명도 없었다. 인문계에 진학하지 못해 등 떠밀려 온 경우가 대부분이었다. 사실상 대학 입시를 위해 우리 학교를 선택한 사람은 전교에서 단 한 사람뿐이었다.

이때부터 소위 말하는 메타인지가 잡히기 시작했다.

'모두 나와 비슷하게 생각하는 것은 아니구나. 여기서 조금만 더 하면 격차를 아예 범접할 수 없을 정도로 벌릴 수 있겠구나'라는 생각을 가졌다.

지금 생각해 보면 당시의 나는 어떻게 보면 당시 입시 제도의 허점을 파고든 것이었다. 대학을 진학한 이후 나중에 우연한 기회에 입시 커뮤니티를 살펴보았는데 이제는 몇 년 전의 나와 같은 방식으로, 전략적으로 실업계를 선택하는 학생들이 꽤 많아졌음을 알게 되었다. 그리고 한참 뒤에서야 입시 정책이 바뀌었다. 실업계와 인문계의 내신이 동일한 점수를 받는 것이 아닌 차등 적용되었다.

돌아보면 '하고 싶은 선택'은 아니었다. 철저히 '내가 취할 수 있는 이득'의 크기였다. 당시에도 지금처럼 내신이 차등 적용된다거나, 혹은 다른 방식으로 실업계의 베네핏이 없다고 조금이라도 느껴졌다면 할 수 있는 판단은 아니었다. 실제 진학한 이후에도 순탄하지 않았다. 매일

'내가 무슨 선택을 한 거지?' 현타가 왔고, 후회했으며 고통을 느꼈다. 학업 분위기가 내가 생각한 것보다도 좋지 않았다. 단순히 공부와 학습에 대한 배움을 말한다기보다는 어찌 되었든 이 시기가 지나면 사회에 나가 먹고살아야 하고 그 걱정과 고민을 지금 시기에 해야 하는데 그 부분에 대한 고민이 많이 느껴지지 않았다. 진학 당시 내가 생각했던 그대로 내 방향을 지속적으로 끌고 나가는 것이 가장 쉽지 않았다.

중학교 3학년 당시의 선택은 지금까지도 내 인생에서 가장 중요한 결정의 순간이었다. 내 '작은 성공 경험의 반복'은 이 시기의 성취감들이 쌓여 시작되었고, 더 잘할 수 있는 방법과 넥스트에 대한 고민 역시 고등학교 이후 체계화되기 시작했다. 다시 당시로 돌아간다 하더라도 내 선택은 바뀌지 않을 것이다. 그리고 지금 이 책을 용기를 내 써 내려가는 것도 이와 같은 맥락이다. 나조차도 조금씩 도전하다 보니 내가 생각한 목표와 꿈에 가까워질 수 있었다. 지나온 인생보다 남은 인생에서의 해야 할 일들이 훨씬 많고 시간적으로 긴 시간이 남아있는데, 다른 사람들보다 빠르게 돈에 대한 부분에서 어느 정도 자유로워지기 시작하는 시점에 가까워졌다. 처음 톱니바퀴 선택 하나가 이렇게 중요했음을 더욱 많이 실감하고 있는 요즘이다.

마시멜로 테스트

교육학과 심리학에서 널리 알려진 '마시멜로 테스트'와 너무나 들어

맞는다. 우선 마시멜로 테스트는 미국 스탠퍼드 대학교에서 '지연된 만족(Delayed Gratification)'을 연구하기 위해 4~6세 아동들을 대상으로 실행한 심리학 수업이다.

실험은 아동을 한 명씩 방으로 데려간 뒤 마시멜로 한 개가 놓여 있는 접시를 보여준다. 선생님은 "잠깐(15분) 나갔다가 돌아올 텐데, 그때까지 이걸 먹지 않고 기다리면 한 개를 더 줄게"라고 말한 후 아동의 행동을 관찰하는 방식으로 진행되었다. 일부 아동은 선생님이 나가고 문이 닫히자마자 마시멜로를 먹었고, 일부는 15분을 기다려 마시멜로를 하나 더 받았다. 다른 또 일부는 몇 분간 기다리다가 더 이상 참지 못하고 마시멜로를 먹었다.

1970년대에 진행한 이 실험 이후 1988년과 1990년에 발표된 후속 연구가 더 화제였다. 시간이 흘러 실험에 참여했던 아동들의 성취도를 추적한 결과 유혹을 더 오래 참았던 아동들은 청소년기에 학업 성적과 SAT 성적이 우수했고, 좌절과 스트레를 견디는 힘도 강했다고 한다. 이 마시멜로 테스트의 결과는 일반적으로 '자제력은 매우 어린 나이에 형성되며 이후 삶의 질에 큰 영향을 미친다'고 해석된다.

고등학교 시절 가장 이해가 가지 않았던 것이 사실상 이 마시멜로 테스트의 가설 설정과 결과였다. 친구들의 대부분, 99% 이상은 즉흥적으로 행동하는 것을 제어하지 못했다. 참지 못했고 인내하지 못했다. 담배를 피우다 적발되면 퇴학임에도 잠깐의 일탈 욕구를 참지 못하고 담배를 피우고, 적발되고, 퇴학을 당한다. 술도 마찬가지였고, 폭력도 마찬가지였고, 학업도 마찬가지였다. 퇴학 일수 15일 중 3일 남은 상황임에도 단지 더 자고 싶은 마음이 통제가 되지 않아 학교를 나오지 않고 퇴학당한 친구들이 허다했다. 인생에서 퇴학당한 것과 마찬가지였다. 1학년 입학 당시 약 500명이었던 정원 3학년 졸업 즈음에는 채 400명이 넘지 않았다. 그 과정에서 12학급은 2개가 줄어 10학급이 되었다. 반 2개가 통째로 없어졌다. 사회의 시선이 굳이 틀리다가 할 수 없을 정도로 이 집단 내에서 자신만의 목표의식이 뚜렷한 친구는 많지 않았다. 극소수에 불과했다.

솔직하게 고백하자면, 생각보다 어마어마하게 고통스러웠다. 수준 차이가 너무 많이 난다고 생각했다. 이 상황에서 받는 사회의 시선과 풍조가 대립되어 고통의 나날이었다. 그럼에도 참아냈다. '이것만 참으면 돼'라고 하며 내가 취할 수 있는 것을 생각했다.

실제 매일 학교에서 마주하는 선생님들조차 무시와 괄시는 일상의 일과였다. 회사원들처럼 수업만 마치면 바로 칼퇴하는 것처럼 느껴졌고, 라포를 형성하고 싶었으나 선생님들은 이 부분에 대해서는 전혀 생각이 없는 것 같았다.

한 번은 학교를 막 나서는 하굣길에 한 목사님이 오시더니 내게 "인생 포기하지 말고 열심히 살아야 해요"라고 말한 적이 있었다. 나는 나만의 목표가 있어 실업계에 진학했는데, 타당한 이유와 논리가 있음에도 이런 상황을 꽤 자주 맞닥뜨리는 것을 견디는 것이 쉽지 않았다.

이런 시선은 고등학교에서 끝나지 않았다. 돈을 벌고 모으기 위해 고등학교 때부터 배달 아르바이트를 시작해서 방학 때, 그리고 졸업 후에도 시간이 날 때마다 꾸준히 6~7년간을 했는데, 이 시기에도 주위의 시선을 다르지 않았다. 무시당하고 괄시 받는 것이 대부분의 하루 일과였다. 당시도, 지금도 이게 현실이라고 생각한다. 바뀐다고 하지만 대다수 사람들의 일반적인 인식을 바꾸는 일은 그만큼 어렵고 쉽지 않은 일이다.

조각가의 꿈과 부자 작가

고등학교 1학년 때다. 이전까지는 예술과 미술 쪽에 대해서만 진로를 정하고 더 디테일한 결정은 없었다. 미대 입시라는 막연한 미래만을 그렸다. 그러다가 '조각' 쪽 입시에 대해 관심을 갖게 되었다. 그리고 기존 방향성보다 나은 방향이라 생각해 입시 학원을 옮겼다.

옮긴 미술학원에는 소위 말하는 '부자 조각가'의 작품이 많았다. 원장 선생님도 부자였다. 하나에 몇 천만 원하는 작품이 수십 개였다. 당시 원장 선생님을 보고는 '조교들 도움을 많이 받으며 찍어내듯이 만드는데도 하나에 몇 천만 원에 계속 팔리네' 이런 생각을 했다. 생각은 '나도 조각 일해서 편하게 돈 벌어야지'로 이어졌고, 점점 내가 가야 할 방향은 정교하고 날카로워졌다.

입시는 완전히 실패했다. 멘탈 관리를 잘 하지 못했다. 목표는 중앙대였다. 내신이 1등급이어서 미대가 아니라면 중앙대를 갈 수 있는 성적이었다. 하지만 내가 가야 할 방향, 돈을 빠르게 벌 수 있는 과는 미대였다. 하지만 실기 성적이 부족했다. 미대를 가기로 결심을 했기에 목표한 대학교를 포기하고 가천대에 입학했다. 나 자신에게 많이 실망스러웠다. 하지만 재수까지 하면서 시간을 지체하고 싶지는 않았다. '부자'라는 내가 가야 할 길이 확실하게 있으니 재수는 선택지에서 바로 제외되었다. 입학한 이후 성적 우수 장학금 등 장학금을 많이 받으며 학교를 다녔다. 총 등록금 약 4,000만 원 중 약 2,000만 원 정도를 받았다. 대학교 시절 하루 일과에서 나의 흥미와 재미를 위한 시간은 없었다. 수업을 듣고, 공모전 등을 준비하고, 배달 아르바이트를 하고, 조각 아르바이트를 또 하고, 이런 스케줄의 반복이었다.

대학 생활을 하며 성적도 좋고 장학금도 받고, 교내 교외 등 공모전에서도 입상을 많이 하니 교수님들이 예뻐해 주셨는데 한 번은 이런 일이 있었다. 3학년 수업 중에 전공 담당 교수님께서 신입생 커리큘럼에 대한 고민을 내게 털어놓으셨다. 여러 방향 중 어느 방향을 하면 좋을지 여쭤보셨고 나는 내가 생각하는 방향과 그 해당하는 커리큘럼에 세부 방향과 과제 등까지 자세하게 답변을 드렸다. 그리고 그다음 학기, 내가 디테일하게 말씀드렸던 커리큘럼이 신입생 해당 과목에 그대로 반영되었다. 신입생들이 하기에는 쉽지 않은 수준이어서 해당 과목은 그 이후 신입생들의 불평의 대상이 되는 수업이 되었다. 하지만 실제 능력치를 끌어올리는데 주요한 부분이 포함되어 있어 교수님의 평가는 긍정적이었고, 시간이 흐르며 이는 객관적인 지표로도 확인이 되었다. 교수님은 이 일화 이후로 나를 100% 신뢰하셨고 수업 조교로 참여시키며 여러 사안들을 편하게 논의해 주셨다. 이후 조금 더 가까이 말씀을 나눌 수 있는 관계가 되었다.

최근에야 인지하게 된 사실인데, 나는 술을 잘 마시지 못하는데 그 이유가 술을 배우고 마실 타이밍과 시간이 없었다. 다들 이제 술을 막 배우고 놀러 다닐 때 나는 그저 일만 했다. '나는 미팅도 못 해보았고, 친구들하고 술 먹고 진탕 놀아본 적도 없었구나', 뒤늦게야 이 생각을 갖게 되었다. 술을 마시는 것이 좋은 것인지 좋지 않은 것인지는 모르겠지만 말이다.

졸업학점을 꽤 높은 수준으로 맞추며 졸업을 했고, 졸업과 동시에 내가 그토록 꿈꾸던, 그리고 나만의 명확한 길이라 생각한 조각 작업실을 열었다.

기회를 만드는 기회

미술대학의 전공 필수 과목은 기말고사를 시험으로 치르는 것이 아닌 한 학기 동안의 작업물로 전시회를 열어 평가받는다. 우리들끼리는 과제전이라 불렀는데, 이 당시 뒤에 소개 예정인 프로 레벨에서 이미 배우며 일을 하고 있었기에 자신이 있었고 결과 또한 대부분 1등을 차지했다. 이 과정에서 매 학기마다 장학금을 받았고, 이 장학금을 재료비로 사용하며 더 좋은 작업물을 만들며 선순환 구조를 만들었다.

전시회의 퀄리티 높은 결과물들은 또 다른 기회를 안겼다. 당시 교수님들은 대한민국 유수의 탑티어 조각가들이었다. 살아있는 조각가들 중에는 가장 위대한 조각가들에게 가르침을 받았던 것. 그런데 이러한 교수님들이 나의 작업물에 대한 평가가 좋았다. 작업물의 마무리나 마감 메이킹 실력을 높게 평가해 당신들이 개인전을 할 때 내게 부탁을 해 작품도 같이 보조로 만들고 설치도 함께 할 수 있는 기회가 주어졌다.

기회는 계속해서 기회를 만들었다. 소위 학교에서 가장 영향력 있는 교수님이 나를 눈여겨보았고, 교수님 자신의 전시회 뿐 아니라 다른 학교 교수님의 전시회에도 나를 용병으로 소개해 주시기까지 했다. 이런 경우 보통은 학교 내에서만 서브 참여가 가능한데 교수님들이 어디 내놓아도 자신이 있으셨나 보다. 이후로는 타 학교에서 교수님들에게 고급 인력이 부족하다는 이야기가 전해지면 "우리 학교 괜찮은 친구 있어. 에이스 보내줄게" 하고 나를 차출해서 용병으로 보내고는 하셨다. 대학 재학 기간 전체를 다시 돌아보아도 타 학교에 차출되는 인력은 단 한 명도 없었다. 내가 유일했다. 그렇게 내 꿈인 '부자 작가'로의 길은 순탄하게 그리고 차곡차곡 진행되었다.

낭만과 현실 사이, 3개월

그렇게 졸업반이 되었고, 당연하게, 고민도 없이 작업실을 꾸렸다. 4학년 1학기가 시작하자마자였다. 그만큼 자신이 있었고, 성공으로 가는 길의 첫 단추를 꿰었다는 생각에 설렘도 컸다. 친분이 있는 교수님께도 "교수님, 저 작업실 차렸습니다!" 하고 자랑까지 했을 정도였다. 그간 고생고생하며 꾸준히 배달 아르바이트 등으로 모은 돈도 결실을 맺었다. 보증금과 월세, 그리고 초기 세팅 비용으로는 충분하고도 남았다. 모든 것이 내 생각 그대로 구현이 되었다.

그래도 아낄 수 있는 것은 최대한 아꼈다. 가장 친한 친구와 함께 페인트칠과 인테리어를 손수 했다. 가구와 집기도 중고제품을 고르고 또 골라 들여왔다. 25년 인생 처음으로 혼자만의 공간이 생겼다. 그것도 온전히 혼자 힘으로 만들어냈다. 뿌듯했고 기뻤으며 앞으로의 시간에 대한 기대감은 더욱 컸다.

작업실이 생기니 작업 속도에 날개가 붙었다. 일반적으로 미대 대학생은 한 학기에 보통 작품을 1~2개 정도 만드는데, 작업실을 열고 첫 3개월 동안 조각품 10개와 그림 5개, 총 15개 작품을 만들었다. 단순 계산하면 열심히 하는 미대생의 4학기, 즉 대학 생활의 모든 시간을 들여 만드는 작품 수를 단 3개월 동안 쳐낸 것. 지금까지도 열심히 했지만, 더 열심히 했다. 온전히 모든 것을 쏟아부으며 작품 활동에만 매진했다.

그런데 이 갈아내는 기간 동안 이제껏 한 번도 들지 않았던 생각이 조금씩 찾아왔다. 끊임없는 반복 작업 속에서 머리는 아무 생각이 없어지고 몸만 반복해서 움직이고 있었다. 조각을 하면서 몸은 계속 움직이고 있는데, 머릿속에는 '누구는 대기업 들어갔다는데 이게 맞나?'하는 생각이 들었고, 점차 커지기 시작했다.

돈이 두 배로 드는 취미생활

어느덧 졸업 시즌이 찾아왔고 이제 나는 나이로도, 사회 통념상으로도 어른이었다. 사회 구성원으로서 제 몫을, 역할을 해야 하는 상황이었다. 직업을 가져야 했고, 직업을 가진 이들은 자본주의 사회에서 돈을 벌어야 했다. 나는? 직업은 있었다. 작가이자 조각가, 그런데 돈을 벌지 못했고, 이 시간이 점점 길어지고 있었다. 대학을 졸업했으면 사회 구성

원으로서 제 역할을 해야 하는데 나는 그러고 있지 못했다. 한 번도 느껴보지 못했던 패배감과 상실감이었다. 지독히도 가난했던 어린 시절을 극복하고자 그렇게 참고 견디며 여기까지 왔는데, 그 과정에서도 뒤처지는 것을 유난히 못 견뎌해 언제나 앞서가며 여기까지 왔는데, 지금의 이 무력하고 패배감만이 드는 상황이 도저히 받아들여지지 않았다.

그리고 주변 지인들의 이야기들이 하나둘씩 귓가에 찾아왔다.

대학교 친구 A는 대기업에 들어가 월 300만 원을 번다더라

고등학교 때 놀기만 하던 친구 B는 영업직에 들어가서 월 500만 원씩 번다더라

있는 듯 없는 듯 존재감 없던 동네 친구 C도 월 200만 원은 받고 일한다더라

언제나 가장 앞에 서 있었다고 생각했는데, 단 몇 개월 만에 이 선의 가장 끝으로 곤두박질치고 말았다. 그냥 끝도 아니었다. 시간이 흐르면 흐를수록 마이너스만 커지는 구조였다. 어떤 직장에 들어가 일하더라도 우선은 +100만 원 +200만 원이 시작이었을 텐데, 나는 조각 작품에 들어가기만 하면 -200만 원이 시작이었다. 초반에 큰 부담이 없던 월세와 재료비는 시간이 흐르며 점차 조각가의 일상도 위협하고 있었다. 이걸 메우려 다시 배달 일을 하고 또 다른 아르바이트를 해도 선의 끝을 벗어날 수는 없었다. 이렇게 저렇게 월 300만 원을 벌어도 -200만 원이 있으니 남는 건 고작 100만 원 수준이었다. 남들보다 시간을 2배 들여

서 일해도 여전히 꼴찌였고, 여기에 마이너스만 더해졌다. 시간을 3배는 들여야 비슷한 출발선상에 설 수 있었다. 실제로는 불가능한 지점이었다. 이 시점에 멘탈을 부여잡기가 쉽지 않았고 현타가 많이 왔다.

이 시기에 SNS의 영향력을 실감했다. 대학 시절 동안 꾸준히 SNS도 키워 왔는데 많지 않은 팔로워 수임에도 다양하게 제안이 왔다. 잃는 것보다 얻을 것이 많아 보이면 대부분 제안을 받아들이며 이것저것 경험을 했다. 이 시기는 소개팅 프로그램이 막 론칭하는 시점이기도 했는데, <하트 시그널>과 <러브 캐처> 등 론칭하는 대부분의 프로그램에서 출연 제안이 왔다. 하지만 얼굴이 알려지는 부담감과 얻을 것보다는 잃을 게 많다는 판단에 거절했다. 당시 어디 나가서 뭔가 평생 박제될 만한 행동을 하기에는 아직 성숙하지 않다고 생각했다. 하지만 SNS 팔로워 수의 영향력을 제대로 실감할 수 있는 계기였다.

이렇게 하루 이틀이 지나고, 한주, 보름, 한 달, 그리고 세 달이 흘렀다. 언젠가는 소위 포텐을 터트린다는 확신은 있었지만 문제는 그게 '언제'냐였다. 그 시기에 대한 확신과 개런티가 없었다.

쓸 것 없는 자소서

작가 생활에 대한, 더 정확히 말하면 부자 작가가 되기 위한 개런티가 없으니 점점 불안감이 커졌다. '나도 어디라도 한 번 이력서를 내봐야 하는 거 아닌가?'라는 생각이 스멀스멀 들더니 어느덧 머릿속을 가득 채웠다. 누구는 삼성에 입사하고, 또 누구는 다른 대기업에 들어가고, 누구는 변호사 시험 본다고 하고, 로스쿨 간다 하고, 또 다른 누구는 부모님 건물에서 장사하는 상황.., 나는? 이제야 사람인 사이트에 들어가서 이력서를 만들고 있었다. 그런데 문제는 더 심각했다. 막상 이력서를 작성하려 하니 나는 이렇다 할만한 스펙이 하나도 없었다. 내가 갖고 있는 것이라고는 미대 시절의 결과물 뿐이었다. 작가로서의 경력에는 도움이 될 수 있어도, 일반 회사원이 되기 위해서는 +@ 지점이 아니었다. 더더군다나 졸업 이후에도 작업실 활동에만 매진하다 보니 대학교 졸업 이후 나의 활동 사항 내역은 '...' 공란이었다. 사람인 홈페이지를 그저 띄워놓은 채 멍하니 바라만 보게 되었다. '내가 지금까지 뭘 한 거지?' 자괴감에 빠졌고, 부정적인 생각만이 꼬리에 꼬리를 물었다. 이력서 하나도 제대로 쓸 수 없는 상황이, 자기소개서에 이렇다 할 내용 한 줄 쓸 것 없는 현실이 나를 나락으로 이끌었다. 이렇게 스스로를 돌아보며, 큰 자괴감에 빠져 다시 결심했다.

오직, '돈 벌어야겠다'.

CHAPTER. 6

퇴사를 위한 입사

우연찮게 알게 된 돈 버는 수익 구조

이 시기에 큰누나와 집에서 이야기를 나누게 되었다. 현재 이렇게 돈을 벌지 못하고 있는 상황이라고 솔직하게 말하며 "누나 남자친구는 무슨 일을 해?"라고 물으며 조언을 구했다. 큰누나는 남자친구 이야기를 해주었다.

지금은 큰매형인 당시 큰누나 남자친구는 광고대행사에서 근무하고 있었다. 큰누나는 매형이 일하는 광고대행사에 대해 간단히 이야기해 주었는데 잠깐 들어보고는 '이거 뭐지?' 하는 생각이 들었다. 그리고 매형과 잠깐 이야기 나눌 수 있는 자리를 만들어달라고 부탁했다. 그리고 며칠 후 매형을 만났다. 내가 본인이 몸담고 있는 분야에 대해 궁금하다고 하니 이것저것 설명을 해주었다. 그중 눈길을 끄는 부분이 있었다. '퍼포먼스를 내는 만큼 돈을 벌 수 있다'는 말.

당시 매형은 성과가 좋을 때는 월 1천만 원 이상, 평균적으로도 월 600만 원 이상을 벌었다. 이 업계에서도 어느 정도 퍼포먼스를 내는 영업사원이었다. 퍼포먼스를 내는 만큼 돈을 벌 수 있는 구조와 이것을 행하기 위한 업무 시스템과 프로세스가 이제는 단순한 관심과 호기심을 넘어섰다. 사회에서는 아무것도 경험하지 못한 초년생이었지만 어려서부터 '돈 버는 것'만 생각한 내 눈에는 이 업계와 시장의 수익구조가 너무나도 긍정적으로 보였다.

여기에 매형은 쉬엄쉬엄 일하는데 벌 만큼 버는 것처럼 보였다. 평일에도 큰누나를 만나러 오고 출퇴근도 비교적 자유로워 보였다. 매형은 약 10년의 직장 생활을 통해 영업 군이 메리트가 있다고 느꼈고 비슷한 생각을 했던 동료들과 함께 창업을 한 경우였다. 돈도 벌 만큼 벌면서 시간도 자유롭게 쓰는 매형의 사이클이 꽤나 괜찮아 보였다. 이제는 조금 더 깊게 공부할 시간이 필요했다.

매형에게 들은 광고대행사의 기본적인 시스템과 영업직의 업무 전반 사항을 출발 지점으로 삼고 디테일한 부분을 공부하고 또 공부했다. 공부를 하면 할수록 메리트를 더욱 느꼈다. 그리고 나의 유년 시절과 학창 시절이 생각났는데, 어떻게든 돈을 벌고 모으려 했던 어린 시절의 작고 가벼운 생각과 행동들이 묘하게 맞닿아 있다고 느꼈다. 학습의 시간이 어느정도 마무리될 즘 단호히 결정했다. '한 번 실전 경험을 해봐야겠다!' 결심을 굳히고는 매형에게 더욱더 디테일한 부분에 대해 묻고 또 물었다. 현장 상황에서부터 다양한 영업 사례, 상대적으로 메리트 있는 지점과 실무 팁들까지. 여기에 멘탈과 심리적인 부분까지, 인품이 좋은 매형은 업계 전반부터 작은 부분까지 디테일하게 이야기를 해주었다. 덕분에 의지가 많이 되었고, 시간이 조금 흘러 퍼포먼스를 내는데도 큰 플러스알파 지점이 되었다.

광고대행사의 수익구조

'퇴사를 위한 입사'를 확실히 결심했다. 다시 한번 매형에게 조언을 구했다. 어떤 광고 대행사가 있고, 어디가 괜찮은 회사이고, 입사 조건은 뭐가 있고 등등. 입사에 필요한 조건과 회사의 유형을 공부했다. 여기에 매형은 현업자들만이 알 수 있는 광고 구조와 수익 구조 등 고급 정보까지 다 알려줬다. 이런 고급 정보를 선제적으로 공부하니 입사와 입사 이후 적응 기간에 큰 도움이 되었다. 이를테면 이런 것들이다. 광고대행사의 구조는 그때도 지금도 11번가와 지마켓 같은 오픈마켓 플랫폼 담당자와 네이버나 다음 등 종합 플랫폼 담당자로 부서 혹은 파트가 나뉜다. 이 부분에서 매형의 팁은? 네이버나 다음과 같은 종합 플랫폼 담당자가 영업 성과도 좋고 돈도 더 잘 번다. 입사와 동시에 종합 플랫폼 담당자가 될 수 있는지 여부가 가장 중요한 선택의 포인트였다. 선택할 수 있으면 무조건 네이버를 선택하라고 조언했다. 광고대행사의 네이버 영업 기준 업무 프로세스 수익 방식은 다음과 같았다.

광고주가 쓰는 광고비의 15%를 회사에서 마진으로 가져간다.

-> 광고주는 한 번 영업하고 세팅만 해놓으면 이후에는 유지만 하면 된다.

-> 신규 영업을 굳이 하지 않아도 그 수익률이 유지가 된다.

-> (매형이 출퇴근이 자유롭고 개인 시간도 많이 가질 수 있었던 이유다.)

-> 이렇게 영입된 광고주는 한 달에 한 번 정도 체크만 하면 된다.

-> 이렇게 광고주를 영업해 계약을 쌓으면, 쌓는 대로 15%씩의 수익을 가져간다.

광고대행사 영업직으로 입사했다면, 계약 사항에 따라 일반적인 회사원처럼 정해진 월급을 받는 방법과 기본급에 위 15%에서 일정 부분을 계속 취하는 인센티브 방식 중 선택을 하면 되었다. 매형은 오랫동안 인센티브 방식으로 꽤 높은 성과를 올리며 높은 연봉을 받았고, 이후 더 큰 목표를 위해 창업까지 하게 된 것이다.

예를 들어, 한 광고주가 한 달에 1,000만 원을 집행하면 처음에 세팅하며 150만 원을 가져가는 구조이다. 그런데 이것이 두 번째, 세 번째 달에도 큰 세팅 변화 없이도 똑같이 150만 원을 벌어간다. 이런 회사가 10곳이라면 1,500만 원이 되는 것이고 그 이상이라면 매출은 기하급수적으로 상승하는 것이다. 이 부분이 메리트가 컸다. 시간적으로도 여유가 있고, 수익구조와 수익률도 좋았다. 단 전제는 '내가 하는 만큼', 이것도 '잘 하는 만큼'이었다. 하지만 이 부분에서는 그 누구보다 자신이 있었다. 내가 잘하는 만큼 더 벌어갈 수 있는 구조라면 말이다.

“광고대행사 차리려면 어떻게 해야 돼요?”

이제 디테일한 수익구조까지 알았다. 마지막으로 입사할 회사를 정하는 것만이 남았다. 매형은 취직하기도 어렵지 않다는 것을 알려줬다. 자신이 근무했던 회사도 대기업인 KT 계열사였는데 최종학력이 고졸도 많았고 입사에 있어서는 취업 난이도가 높지 않았다고 전했다. 대부분의 산업 군에서 마찬가지지만 영업직은 신입 물량을 투하해서 갈려나갈 사람은 갈려나가며 소수만 살아남는 구조다. 영업 특성상 영업 군이 성향과 그리고 성과를 낼 수 있는 사람이 많지 않아서이기도 하다.

광고대행사 입사와 교육기간

ㅇㅇ미디어라는 회사에 입사 지원서를 넣었고 바로 합격이 되었다. 하지만 2주의 교육기간이 이후 내가 배치된 부서는 11번가 담당이었다. 한

달간 근무하고 플랫폼을 바꿀 수 없음을 알게 되었고 바로 퇴사 결정을 했다. 네이버가 아니면 의미가 없었다. 돈 버는 구조를 알아야 했고, 그 속에서 나만의 시스템과 프로세스를 만들어야 했다. 한차례의 경험을 통해 아예 입사 조건에 네이버 파트 근무가 가능한지를 살펴야 함을 알았다.

곧바로 다시 입사 준비를 했다. 업계 순위와 근무 조건 등이 괜찮은 곳이 있어 바로 트리플ㅇㅇㅇ에 입사 지원을 했다. 우선 첫 번째는 네이버 파트 선택 가능 여부, 입사 지원 자체를 네이버 파트로 지원할 수 있었다. 가능. 그리고 주 35시간 근무조건과 칼퇴가 철저하게 지켜지며, 회사 내 카페와 다양한 지원 등을 해주는 나름 선진화된 IT기업의 이미지가 있는 곳이었다. 업계에서도 국내 톱10 안에는 드는 규모도 어느 정도 있는 회사였다. 마지막으로 이렇게 추리고 셀렉 한 후 매형의 조언을 들었는데 매형도 이미 알고 있는 곳이었다. 돌아오는 대답은 "거기 괜찮은 회사야, 한 번 지원해 봐."

1차, 2차가 통과될 경우 3차에서 엑셀 기능 시험이 있었는데, 당시 엑셀을 아예 다룰 줄 몰라 2주간 독학으로 엑셀을 공부했다. 1차, 2차 통과, 그리고 3차 기능 시험의 기회가 찾아왔고, 다행히 간신히 통과했다. 이제 교육기간을 거치면 지금껏 경험한 '수익 구조의 끝판왕' 프로세스를 본격적으로 배울 수 있었다. 그것도 돈까지 받으면서.

2주간의 교육기간 동안 매형과의 선제교육이 효과가 있었다고 생각이 들었다. 뭐 지원자 각자의 개인적 판단이 있었겠지만 교육받는 지원자 중에는 11번가와 같은 플랫폼에 지원한 동료들도 꽤 많은 수였다. 한 달이라는 잠깐의 경험과 매형의 핵심 조언을 모두와 공유할 수는 없었지만 교육 마무리까지 이야기를 나누며 신뢰를 쌓은 일부 동료들에게는 네이버와 같은 종합 플랫폼의 특성과 11번가와 같은 오픈마켓 플랫폼의 특성에 대해 이야기해 주었는데, 일부 동료들은 이 말을 듣고 파트를 바꾸는 액션을 취하거나 일정 기간 프로세스만을 배우고 퇴사하는 이들도 있었다.

"광고대행사 차리려면 어떻게 해야 돼요?"

2주간의 교육기간이 막바지에 이르렀다. 큰 어려움 없이 교육을 마치고 이수하는 마지막 날이 되었다. 담당 팀장님과 잠시 인사와 함께 면담을 나누는 시간이었다. 나는 간단한 인사와 함께 궁금한 점을 여쭤보았다.

"광고대행사 차리려면 어떻게 해야 돼요?"

순간 교육장 전체가 싸해졌다. 나를 담당하던 그 인상 좋게 보이던 팀장님의 얼굴도 순간 굳어버렸다. 그리고 이 팀장님은 사 측이었다. 그리고 이 이야기는 본부장님의 귀에까지 들어갔다. 나는 곧장 본부장 실로 불려갔다.

“우리 회사는 학원이 아니에요. 회사 차리기 위해서 일 가르쳐 주는 곳이 아니라는 이야기입니다.”

따끔하게 한 소리를 들었다. 본부장님은 타이르듯 조곤조곤 이야기해주었다. 아차, 싶었지만 이미 뱉은 말은 회사 전체가 알 정도가 되었고, 이렇게 말 한마디의 대가를 크게 치르며 광고대행사 실무를 시작하게 되었다.

사실 정말 솔직하게 말하자면, 퇴사를 위한 입사 그 이상이었다. 입사 전에도, 입사를 생각하면서도, 교육 기간에도, 실제 업무에 배치되어 근무하면서도 내 머릿속에는 온통 내 광고주를 만들어 빨리 퇴사하고 내 회사를 차리는 생각뿐이었다. 정말 이 마음뿐이었다. 아이러니하게도 그래서 그 누구보다 열심히 했고, 그 누구보다 압도적인 성과를 냈다.

CHAPTER. 7

첫 영업 성공까지 필요한 시간,
단 하루

FM 매뉴얼, 왜 저렇게 하는 거지?

2주간의 교육기간을 마치고 첫 출근 날이 되었다. 영화나 드라마에서 종종 그리는 '신입사원의 두근거리는 첫 출근' 같은 것은 내게는 해당되지 않았다. '첫날이니까 열심히 해야지, 영업 한 건은 해야지' 정도의 마음가짐이었다.

사무실에 들어가기 앞서 동기들 면면을 살펴보니 함께 교육받았던 친구들 중 몇몇은 보이지 않았다. 문턱이 높다고는 생각하지 않았는데 후에 이야기를 들어보니 최종 관문을 통과하지 못한 친구들도 있었다고 한다. 정확히 기억나지는 않지만 나를 포함한 동기들은 약 10명 정도였고, 우리는 2명씩 팀을 이뤄 각기 다른 팀으로 배정이 되었다. 나는 말수가 적고 조용한 최인영이라는 친구와 한 팀을 이뤄 영업 3팀에 배정되었다.

남상인 팀장님의 인도로 사무실에 들어섰다. '응?!' 사무실은 꽤나 소란스러웠다. 사무실은 꽤 넓게 트여있는 구조였지만 약 200명의 각양각색 통화 소리가 버무려지니 흡사 시장통 같았다. 우리 팀은 사무실 구석에 위치해 있었다. 팀장님을 따라 이쪽 저쪽을 두리번거리며 사무실 분위기를 살폈다. 생각했던 광고대행사의 이미지가 있었지만 생각한 것보다 더 정신이 없었다. 다른 여러 팀 구역을 지난 뒤에야 우리 팀 자리에 도착했다. 최인영 님과 내가 추가되어 우리 팀은 총 10명이 되었다.

남 팀장님이 우리를 팀원들에게 간단히 소개했다.

"오늘 정욱이랑 인영이 왔으니까 모르는 거 있으면 잘 알려주고~, 오늘 영업 시작해 보자."

"정욱이는 옆자리니까 모르는 것 있으면 그때그때 물어보고."

전부였다. OT는 생각보다 간단하고 심플했다.

14년 차 과장부터 연봉 5억 원 에이스까지

남상인 팀장은 친절하고 유한 스타일이었다. 마음속으로 영업 통화 100건 독려를 생각했다면 입 밖으로는 "오늘은 50건 이상 전화해 보도록 노력하자"와 같이 말하는 식이었다. 다르게 보면 리더로서 카리스마 있게 리딩을 하는 타입보다는 좋게 좋게 "잘해 보자" 하면서 이끄는 타입이었다.

첫날 일과 후 회식에서 간단한 일화가 있었다. 남상인 팀장이 물었다.

"너는 그러면 이 일을 본업으로 하면서 부업으로 조각가도 하는 거야?"

"아니요? 조각가가 본업인데요."

지금 생각하면 너무나도 오그라드는 소위 말하는 싹수없는 대답이지만 그때는 저렇게 답을 해버리고 말았다. 남상인 팀장의 스타일은 여기서 확실히 드러났다. 자신이 하는 업을 그것도 면전에서 평가 절하는 것으로 받아들일 수도 있었을 텐데 돌아오는 답은 이랬다.

"그런데 다른 사람한테는 그렇게 말하지 마. 나는 괜찮은데 의도하지 않은 상황이 만들어질 수도 있어."

이 일을 계기로 농담도 하며 더 빨리 친해질 수 있었다. 남상인 팀장은 일로서도 어느 정도 인정을 받는 사람이었다. 영업 매출이 높아 억대 연봉을 가져가는 사람이었다. 영업사원 약 200명 중 모두의 선망의 대상이 되는 몇 명 사람이 있었는데 한 달 실수령액이 약 4,000~5,000만 원이었다. 이렇게 탑티어 영업사원이 1~2% 정도였고, 연봉 1억 원 수준이 약 10%가 조금 안되었는데 남상인 팀장은 여기에 속한 사람이었다.

첫날 유난히 눈길을 끌었던 사람은 바로 옆 팀의 백승훈 과장이었다. 무려 14년 차이지만 과장이었다. 이미 연차로는 차장급 이상이었는데 말이다. 첫인상부터 어리숙한 느낌이었고 이 느낌은 끝까지 이어졌다. 초지일관이었다. 큰 목소리로 “안녕하세요. ㅇㅇㅇ 인데요. 광고 생각 있으실까요?” 하는 영업 멘트들은 영업이 목적이라기보다는 누군가에게 꼭 들려줘야 한다는 느낌이 강했다. 마치 ‘나 지금 일하고 있어요’라고 말하는 듯한. 이런 느낌이 틀리지 않았나 보다. 꽤 오랫동안 눈에 띄는 실적 없이 메아리와 같은 통화만을 반복했다. 마치 하루 일과 루틴처럼.

함께 교육을 받고 한 팀에 배치된 최인영 사원은 상대적으로 경험이 없어 그런지 어려움을 많이 느끼는 듯 보였다. 모두가 전화통을 붙잡고 씨름하는 시간에 교육 기간에 교육받고 정리 자료로 받은 스크립트를 이리저리 넘기며 수화기를 들었다 놓았다만 할 뿐이었다. 전화 자체가 엄청난 진입장벽이었다. 신입사원들 중 많은 수가 어려움을 겪는다는 이야기를 들었는데 실제 마주하니 그제야 이해가 되었다.

이미 업무를 진행하기 위한 모든 세팅을, 만반의 준비를 모두 해놓았는데, 메인 업무가 난관이었다. 본인의 관심분야였던 화장품을 검색한 후 관련 사이트를 리스트업하고 031, 02로 시작하는 다양한 전화번호들까지 모두 DB화를 마친 후였다. 교육받은 대로 해당 홈페이지에 들어가 미비한 점과 어필한 부분들, 우리 광고대행사만의 강점 등까지 모두 정리가 되어 있었다. 이제는 진짜 수화기를 들고 10개의 숫자 버튼만

누르면 그만이었다. 하지만 쉽지 않았나 보다. 031까지 눌렀다가 수화기를 내려놓는 것의 반복이다. 그리고 이내 울먹거리기 까지 한다.

24살에 첫 사회생활을 시작한 신입사원에게는 이 영업 전화 한 통을 위한 수화기의 무게가 너무나 무거웠나 보다. 사무실 전반을 감싸는 분위기 또한 컸을 것으로 생각된다. 전화가 끊기는 것에 대한 두려움이 너무나도 커졌던 것 같다. 첫날은 이 상황의 반복이었다. 수화기를 들었다가 갑작스럽게 내려놓고, 전화가 연결되면 "안.. 안녕하..세요"하며 절다가 계속 끊기는 상황의 반복이었다.

훗날의 이야기지만 최인영 사원은 시간이 흐른 뒤에도 이런 부분에서 개선이 되지 않았고, 타 관리부서로 재배치되었고, 해당 부서에서도 적응을 잘 하지 못해 몇 달 뒤 그대로 퇴사했다.

외에도 우리 팀에는 장형수 대리와 박승원 대리가 있었다. 장형수 대리는 신사적인 사람이었다. 첫날 대부분의 사람들이 반말을 하는 것과 달리 반말을 하지 않았다. "정욱 씨는 ~~" 이러면서 칭찬과 함께 기를 세워줬다. 첫날 회식 때 담배를 함께 피우며 "제가 말을 편하게 해도 될까요?"라는 말을 한 다음에야 조금 더 편하게 대했다. 박승원 대리는 물어보면 다 친절하게 알려주는 천사 선배 같은 사람이었다.

광고대행사의 업무 프로세스

이제 업무를 바로 시작하면 됐다. 업무에 대한 기본적인 프로세스를 교육기간 동안 수료하긴 했지만, 여기에 더할 팁이나 노하우는 없었다. 교육기간 동안의 업무 프로세스에 있어 중점은 크게 두 가지다. '하나, DB를 만들고, 둘, 전화를 돌린다'. 사실상 이 두 가지가 광고대행사 수익의 모든 것을 만들어냈다. 관건은 이를 '어떻게' 하느냐였다.

"안녕하세요. 사장님. ~",

"아니 그게 아니고요. 사기가 아니고요~",

"네ㅇㅇ 공식 광고대행사인데요."

다른 팀을 거쳐 우리 팀 자리까지 오며 느꼈던 것은 '다들 맨땅에 헤딩하는구나'였다. 막무가내였다. 놀랍게도 대부분이 너무나도 유사한 대사를 읊고 있었다. 교육 자료를 기초로 한다지만 이건 거의 로봇 수준이었다. DB도 마찬가지. 예를 들면 이렇다. 네이버에 스마트폰을 검색한 후 뜨는 홈페이지에 들어가 해당 업체 전화번호를 수집하는 것이다. 출근하며 카페를 봤다면 오늘의 DB는 '카페'가 되는 것이고, 치킨집을 봤다면 치킨집이 되는 것이다. 업무 프로세스의 큰 줄기가 있다고 하나, 사실상 온전히 개인의 역량이 영업의 성공을 좌우했다.

그리고 이렇게 영업사원들이 그날그날 영업하는 일련의 것들은 본부장님이 모두 관할할 수 있었다. 한눈에. 자리도 모든 팀을 관할하고 감독할 수 있었는데, 이보다 더한 것은 영업 감독의 디테일이었다. 본부장님의 한쪽 모니터 화면에는 서버를 거쳐 온 다양한 숫자들이 차곡차곡 쌓여있었다. 영업사원 각각의 총 통화량부터, 한 콜 당 평균 통화시간, 3분 이상 통화 횟수, 영업 성공 건 수 등이 실시간으로 집계되고 있었다. 그래서, 영업 성공을 강제할 수는 없어도 꼼수는 부릴 수 없었다. 그날, 혹은 해당 월의 총 통화량이 미달되면 영업사원들은 슬슬 눈치를 볼 수밖에 없는 시스템이었던 것.

각자 개인적으로 영업을 하면서는 더욱 디테일하게 통화 내용을 정리해야 했다.

1. 전화받지 않음.
2. 전화받고 바로 끊음.
3. 전화받고 욕하고 바로 끊음.
4. 전화받고 내용 어느 정도 소개함.
5. 전화받고 대화를 어느 정도 이어나감. 가능성 있음.
6. 전화받고 대부분 내용 공유함. 다음 통화 기약함

위와 같이 한 건의 통화를 할 때마다 해당 내용을 엑셀에 모두 기록하고 각각 X, O, 혹은 세모 등으로 표기해야 했다. 이것이 프로세스의 아주 중요한 부분이었다.

같은 영업사원, 서로 다른 목표

팀장들과 대리급 이상은 사실상 영업 전화를 돌리지 않았다. 기존 관리 업체가 있었기에 새로운 영업보다는 기존 광고주 관리가 그들의 주 업무였다. 예를 들면, 광고주에게 요청사항에 관한 전화를 받으면 본부장에게 "어제 ○○○회사 광고를 진행했는데 효율이 잘 나와서 예산 조금 더 늘리도록 하겠습니다" 이런 식의 보고가 주요 업무였다.

하지만 예외도 있었다. 연차가 있음에도 기존 영업 건이 너무 없어 매출이 없는 직원들의 메인 업무는 신입사원들과 다르지 않았다. 그들도 마찬가지로 눈치를 보며 콜을 돌렸다. 앞서 언급했던 일부러 막 목소리를 크게 하며 "안녕하세요. 광고대행사 ○○○ 입니다"라고 보여주기식 전화를 몇 번 하곤 하는 식이었다. 첫날부터 '왜 저렇게 하지? 패턴이 너무 똑같잖아'라는 생각을 지울 수가 없었다.

압도적인 성과와 꼼수

사실 사무실에 들어섬과 동시에 이런 생각들이 머릿속을 지배했다. 오픈되어 있는 사무실 구조상 사무실의 온도에서 업무 분위기를 느낄 수 있었고, 시끌벅적하지만 일관된 직원들의 통화 소리에서 이들의 목적과 나의 목적이 다름을 느낄 수 있었다. 목적이 다르니 업무의 방향성과 태도도 다를 수밖에 없었다. 수익 구조를 이미 공부하고 입사했기에 나에게는 너무나도 분명한 목표가 있었다. '압도적인 성과' 즉, 영업 성공이었다. 이 영업 성공까지의 과정에 기존 회사의 프로세스는 영업 성공의 덤이었다. 하지만 막상 처음 마주한 대부분의 영업사원들은 나와는 다른 마음을 갖고 있는 것 같아 보였다. 물론 이 시기에도 영업에서 성과를 보이며 월 1,000만 원의 이상의 급여를 가져가는 직원도 있었다. 하지만 소수에 불과했다. 다수 영업사원들의 전화는 귀 기울여 듣지 않아도 결과 예측이 너무나도 뻔했다. 스팸 전화 취급받고 끊으며 "아, 씨ㅇ!! 또 끊어!!!"와 같은 대화가 사무실 내에서는 일상이었다.

광고주를 데려와야 하는 것이 유일한 목적이자 목표인데 많은 사람들이 이것을 까먹은 것 같아 보였다. 후에 대다수 영업사원들에게는 목표 대신 그 자리에 다른 것이 자리하고 있었다는 것을 알았다. '목적 없는 꼼수'. 영업 성공이 목표가 아니라면 하루 100건의 콜이라도 목적으로 설정해야 했지만 이도 아니었다. 그 자리에 '눈치 보며 꼼수 부리기'가 자리했다. 그들은 오히려 꼼수를 부리기 위해 고민했고 '완벽한 꼼수'를 위한 방법론을 위해 머리를 쥐어짜냈다.

첫 번째는 상황극이다. 자신들끼리 콜 수를 채우기 위해 전화를 주고받는 것이다. A라는 직원이 영업 전화로 B 직원의 핸드폰으로 전화를 건다. 그러면서 상황극은 시작된다. "광고주님 안녕하세요. ○○○ 입니다. 사이트에 광고가 딱 맞으실 것 같네요." 이러면서 평균 통화 시간 기준인 3분이 넘어가면 끊는 식이다. 콜 수도 채우고 통화 시간도 채우고. 이 상황극을 서로 반복하는 것이다. 안타깝게도 이들의 꼼수는 결말이 좋지 못했다. 향후 감사에서 적발되어 징계라는 결과로 이어졌다.

두 번째는 '치트키 전화번호'다. 조금 규모가 큰 회사의 경우 대표전화에 안내 멘트가 나오곤 하는데 이것을 이용하는 것. 사람이 받지 않으니 중간에 끊길 염려가 없어 통화 시간 늘리기에 '치트키'인 셈이다. 통화가 시작되면 안내 멘트를 끝가지 들은 후 "1번을 누르세요, 3번을 누르세요"에 따라 안내 멘트 사이를 물타기만 하면 된다. 이러고 상담원 연결까지 5분이 걸리는 회사도 있는데, 상담원이 받고 바로 끊어도 이들에게는 '5분 통화'가 이미 성공인 것이다. 이 전화번호를 자신들의 카톡 방에 올려 서로 공유하며 시간 채우기를 함께 하는 것이다. 종종 함께 담배를 태우러 나가면 들리는 대화 소리는 보통 이랬다.

"오늘 ○○○ 전화번호로 5분 넘겼잖아. 공유해 줄까?",
"치트키 덕분에 오늘 콜 수 100건 채웠다. 이제 조금 쉬어야지"

이것이 그들 일과의 목표이자 목적이었다.

내가 줄 수 있는 것이 무엇이 있을까

우리 팀 자리에 안내받고 간단히 인사를 나눈 후, 잠시 자리에 앉아 사무실의 소음에 귀를 기울였다. 멘트가 여전히 모두 동일했다.

"안녕하세요. 저희는 네○○ 공식 광고대행사 ○○○ 입니다."

이 첫 한 마디면 반대편에서 수화기를 쥔 이들 대부분은 마법같이 모두 전화를 끊었다. "안녕하세요. 저희는 네○○ ..", "안녕하세요. 저희는..", "안녕하.."의 반복이었다. 마치 렉이 걸린 것처럼 수많은 전화들은 이렇게 툭 툭 끊겼다. 점점 짧아지는 전화 멘트의 반복에 나까지도 정신병이 올 것 같았다. 이렇게 기존 영업방식을 확인하고는 자연스레 방법에 대한 결론을 내렸다. '인사를 할 필요가 없구나. 인사가 주는 메시지는 '인사'가 아니고, '우리 스팸이에요'구나'라는 생각이 들었다. 첫 전화라도 기존 거래처 혹은 관계사라는 인식을 주는 것이 중요했다. '내가 네게 도움을 줄 부분이 있는데 들어봐!'라는 생각이 들 수 있도록. '뭐지? 들어봐야겠구나'라는 뉘앙스를 풍기는 것이었다.

이런 사무실의 공기와 온도를 느끼고 이제 '내 영업'을 시작해야 했다. 시작은 내가 잘 아는 분야였다. 상대적으로 많이. 다행히 내가 잘 아는 분야가 있었다. '조형물을 검색해 볼까?' 전공이기도 했고, 실제로 작업실까지 꾸리며 잠깐이지만 작가의 삶을 살았기에 이쪽은 내 전문 분야였다. 하던 일이니 전문성이 있었고, 해당 업체에 도움이 되면 베스트, 그게 아니어도 흥미롭게 통화를 계속 이끌 수 있는 주제이기에 이 키워드의 선택은 좋은 판단이라는 생각이었다.

여기에 더해 검색해 보니 '조형물'이라는 단어가 해당 카테고리를 대표하는 단어였고, 키워드 단가도 8,000원 수준으로 비쌌다. 키워드 단가가 비싸다는 이야기는 상대적으로 일반적인 단어의 광고보다 우리 회사에 더 많은 매출을 안겨주는 것을 말한다.

조형물로 검색해 1등부터 5등까지의 홈페이지를 쭉 살펴보았다 첫 번째, 두 번째, 세 번째, 네 번째…, 그리고 다섯 번째. 첫 번째~네 번째 홈페이지는 큰 사항 없이 잘 관리가 되고 있던 반면 다섯 번째 홈페이지는 조금 달랐다. 홈페이지를 클릭하니 뭔가 이상하다. '도메인이 만료되었습니다'라는 메시의 창만 뜰 뿐 해당 업체의 홈페이지로 이동이 되지 않았다. 홈페이지가 마비되어 있었다. 홈페이지가 마비되어 있다는 것은 기존 광고업체가 관리를 제대로 하고 있지 않고 있다는 말이었다. '기회다!'라는 생각이 들었고 바로 전화를 하는 것이 아닌, 간단한 분석을 하고 취약점과 내가 어필할 수 있는 부분들을 정리했다. 속으로 정리를 한 다음 쭉 멘트 리스트를 만들었다. 그리고 수화기를 들었다.

첫날 첫 콜, 영업 성공

"사장님, 안녕하세요. 지금 홈페이지가 광고는 나가고 있는데 도메인이 만료되어 가지고 광고비만 계속 나가고 있네요. 홈페이지 도메인 만료 이슈 알려드리려고 전화드렸어요."

"무슨 소리예요?"

"지금 홈페이지 들어가 보세요. 지금 네○○ 광고비가 실시간으로 클릭 당 8,000원(이 수치가 주요했기에 미리 파악하고 업체 사장님께 말씀을 드렸다. 사장님께도, 영업을 하는 나에게도 중요한 숫자였다.)이나 빠져나가고 있어요."

"잠시만요. 제가 들어가 볼게요. 어?! 그러네. 홈페이지가 왜 안 뜨는 거야~!"

"도메인이 만료되어서 그런 것 같습니다. 이 만료된 도메인을 네○○ 광고 서비스에 연결해놓아서 광고비는 나가는데 노출은 되고 있지 않은 상황입니다. 돈만 나가는 상황이세요."

"그럼 어떻게 해야 되죠?"

"도메인을 다시 새로 해야 하는데, 아… 이건 너무나 기본적인 부분인데 지금 광고 관리자가 관리 자체를 아예 안 하고 있는 것 같네요. 모를 수가 없는 부분인데요. 치명적인 문제예요."

"그렇죠. 그렇죠. 생 돈이 나가고 있네. 어떻게.. 홈페이지가 이 모양인데, 이게 생명인데 이걸 어떻게 모를 수가 있지."

"그러니까요. 지금 관리 업체가 조금 이상한 것 같네요. 광고대행사 ㅇㅇㅇ인데요. 담당자 바꾼다고 돈 드는 것도 아니고 똑같은 건데, 제가 발견했으니까 저한테 한 번 맡겨 보시면 어떨까요? 잘 해보겠습니다."

통화의 핵심은 간단했다. '돈이 새어나가고 있다는 것을 인지시키는 것'. 이 자체만으로도 상대방은 이미 충분히 도움을 받은 것이었다. 그리고 내가 할 수 있는 부분을 더했다. 도메인 만료 부분은 업무와 전혀 관계가 없는 부분이었지만, 사장님이 나보다 더 모르시는 것 같아 도움을 드리겠다고 말했다. 검색을 통해 '만료된 도메인 복구 법'을 공부하고 숙지해 사장님께 해결 방안을 제시하고 디테일한 단계와 방법까지 전했다.

그리고 키워드로 공감대를 쌓았다. 조형물 키워드 단가가 8,000원이면 하위 세부 키워드는 이보다 저렴했다. 전문 키워드지만 실제 소비자들에게는 관여도 높은 단어를 추천해 드리며 매출을 끌어올릴 수 있는 방안까지 전했다. 사장님은 놀라웠는지 "어떻게 그렇게 잘 알아요?"라고 되묻기까지 했다. 결과는? 성공이었다. 첫날 첫 콜의 결과가 영업 성공이었다.

옆자리 팀장님은 놀랍고 신기해하며 "수고했어, 정욱 씨"라는 말을 전했다. 그리고 팀원들에게 또한 박수와 함께 칭찬을 받았다. 팀장님을 비롯해 이 업계에 꽤 오래 있었던 이들에게도 첫날 영업 성공은 꽤나 놀랍고 신기한 일이었다. 적어도 이후 내가 퇴사한 시기까지 이 일은 반복되지 않았다. 회사 내부 시스템이 이관 신청하기까지 채 30분이 걸리지 않았다. 9시 30분에 출근해 30분은 아이스브레이킹 시간이었고, 10시 30분에 나의 첫 영업 성공 건이 회사 시스템에 등록되었다. 후에 듣게 된 것은 신입사원 기준, 첫 영업까지의 기간은 최소 한 달, 느린 경우는 2~3달 소요되는 것이 보통이었다.

CHAPTER. 8

나만의 프로세스를 만들다

하루 100건 전화가 목표인 영업사원

첫날 영업을 성공시키고, 두 번째 출근 날의 아침부터 나만의 프로세스를 만들어 나갔다. 그 시작은 데이터베이스 수집. 일반적으로는 예를 들어 '화분'을 주제로 한다면, 화분을 검색한 후 화분 파는 광고를 이미 하고 있는 업체들의 전화번호와 이메일 주소 정도만을 쭉 리스트업한다. 다른 직원들의 엑셀 시트에는 회사명, 홈페이지 주소, 전화번호 정도가 전부였다. 여기에 디테일을 추가했다. 어찌 보면 가장 중요한 부분을. 단순히 홈페이지를 클릭한 후 연락처만을 취하는 것이 아닌, 적은 시간이지만 가볍게 스크린을 하며 해당 업체를 분석했다. 이 업체가 갖고 있는 광고 운영 패턴과 강점, 약점 등을 파악해 추가한 엑셀 열에 분석한 코멘트를 정리했다. 패턴과 강점, 약점이 서머리 되면 이 모두를 아우르며 약점은 부각하며 이에 대한 보완점은 어떤 부분이 있을지 포인트 또한 간추려 기록했다. 작은 보완을 거친 내 엑셀 시트는 다른 직원들과 그 구성이 많이 달라졌다.

전화 DB와 영업 DB

- 평균적인 신입사원의 DB 수집 엑셀 시트

: 회사명, 홈페이지주소, 전화번호

- 나만의 영업 DB 엑셀 시트

: 회사명, 홈페이지주소, 전화번호, 보완점, 패턴, 약점, 강점

이게 유일한 차이점이었다. 하지만 이 유일한 차이점이 영업 성과를 두 배, 세 배, 많게는 10배 이상 차이를 벌리는 지점이었다. 사실 이 엑셀 시트를 바라보는 관점 자체가 달랐던 것 같다. 나에게는 단순히 전화를 돌리기 위한 리스트가 아닌, 실제로 엑셀에 이름을 올린 모든 브랜드들은 나만의 영업 리스트에 올린 회사들이었다. 그들은 전화를 했고, 나는 영업을 했다.

이 DB만 있으면 사실 전화를 하고 다른 추가적인 검색과 추가로 말을 꾸며내는 것과, 이리저리 머리 굴리며 좋은 말 대잔치를 해야 하는 궁리를 할 필요가 없었다. 100%는 아니지만 전화를 처음 걸어 "광고 필요하시죠?"라고 묻는 것과 "지금 광고하시는 것 중 ㅇㅇ 부분은 효율이 좋지 않네요"라고 분석을 전하는 것은 하늘과 땅 차이였다. 영업사

원하면 대다수가 생각하는 '저자세'는 내게는 한 번도 일어나지 않았다. 간단히 인사를 나눈 뒤 사장님께 혹은 광고 담당자에게 보완점 혹은 약점을 전하면 대화는 자연스럽게 광고에 대한 꽤 심도 있는 이야기로 전환되었고, 마치 오랜 기간 거래를 해왔던 업체처럼 서로 머리를 맞대고 더 나은, 그리고 더 효율적인 방법에 대해 논의하는 것이 전화 내용의 대부분이었다.

둘째 날부터 영업 DB를 계속해서 개선해나갔는데, 이때 내 유일한 목표는 전화도 영업도 아닌, 내가 전화하는 업체에 개선점을 찾아주는 것이었다. 그렇다고 이 개선점이 어마어마한 것은 아니었다. 영업 DB를 구축하며 짧은 시간에 파악할 수 있는 나의 기준에는 간단한, 하지만 대표님들에게는 어쩌면 크리티컬한 부분들이었다. 예를 들어 네이버 키워드 광고에 이미지를 넣을 수 있는데, 추가적인 비용도 없는데 이미지 없이 밋밋하게 텍스트로만 나가는 광고들이 있었다. 그러면 이런 것을 짚어주는 것이다.

"대표님. 이 구좌에도 이미지를 공짜로 넣을 수 있는데 왜 안 넣으셨어요?"

돌아오는 대답은 대부분 일맥상통한다.

"아, 사진도 넣을 수 있는 광고였나요? 담당자가 이야기를 안 해주셨는데…”

“이미지 넣으면 훨씬 더 눈에 띄고 광고 효율도 더 좋았을 텐데 지금까지의 관리가 아쉽네요.”

이런 경우 적극적인 대표님의 경우에는 업체 교체나 담당자를 바꾸는 방법 등 넥스트에 대해 이야기를 하고, 그렇지 않은 경우의 대표님들 또한 넥스트에 대한 기회는 열어두는 편이었다. 사실 기존 광고를 진행하는 회사들의 경우 간단한 스크린만으로도 아쉬운 부분은 차고 넘쳤고, 크리티컬한 부분 또한 꽤 자주 볼 수 있었다. 위와 같이 사진 추가 여부가 아쉬운 부분이라면 크리티컬한 부분은 다음과 같다. 광고를 진행하고 있는데 홈페이지 URL이 잘못되어 광고기간 대부분 동안 아예 노출이 안된다거나, 키워드 광고의 경우 키워드 등록을 다수 할 수 있음에도 현저하게 적은 수의 키워드만 등록한 경우 등이다. 키워드의 경우 될 수 있는 대로 많은 키워드를 등록해놓는 것이 좋지만, 기본적으로 광고를 진행할 경우 등록되는 키워드가 있는데 그것조차 되어 있지 않은 경우가 허다했다. 또 예를 들면 이렇다.

한 업체가 용인에 있는 조형물 업체라고 하면, ‘용인 조형물’을 검색했을 때는 당연히 노출이 되어야 하는데, 이 키워드 놓친 경우가 너무나 많았다. “사장님, 회사가 용인에 있는데 ‘용인 조형물’을 검색해도 아예 노출이 안되네요”라고 말씀을 드리면 대다수 사장님들은 놀라기 일쑤였다.

이 정도 수준의 디테일과 노력만으로도 명확히 차별화를 할 수 있었고, 영업의 다른 어떤 카테고리도 다르지 않았다. 그만큼 기존 영업담당자들이 면밀하고 세밀하게 신경 쓰지 않아 조금의 고민만 하고 행동에 옮기기만 하더라도 상대적 우위를 점할 수 있었다. 아직까지도 이 정도 디테일은 당연하게 그리고 일반적인 지점이라고 생각하지만, 반대로 말하면 이 정도의 고민도 하지 않은 직장인들이 꽤 많다는 반증이기도 하다.

선배에게 받은 제안서와 내가 만든 제안서

제안서도 다르지 않다. 대부분의 회사가 그러하듯 이 당시 광고대행사도 제안서 폼이 있었다. 선배의 선배의 선배를 거친 전통 있는 제안서 폼이다. 대부분의 동료들은 이 제안서를 선배에게 받았고, 전화 이후 스텝으로 연결이 되면 이 제안서를 업체에게 발송해 주었다. 하지만 제안서가 아니었다. PDF 파일을 열어보면 제안서가 아니라 '회사 소개서'였다. 둘은 엄연히 다르지만 이 다름을 중요하게 생각하는 직원은 많지 않았다.

제안서와 회사 소개서

업력이 어떻고, ㅇㅇ 공식 광고대행사고, 우리는 이런 것을 잘하고, 배너광고를 할 수 있고…, 이러한 내용이 담긴 회사 소개서를 전달한다.

'우리'만 있고 '그들'이 필요한 것은 존재하지 않았다고 생각을 했고, 그래서 바로 또 나만을 위한 제안서를 써 내려갔다. 포인트는 다음과 같았다. 메일을 클릭만 하면 PDF 파일을 열 필요도 없이 '내가 네게 해줄 수 있는 게 이거야!'만 간결하게 전달하는 것. 그리고 눈길을 끌었다면 조금 더 자세히 살펴보았을 때, 해줄 수 있는 구체적인 리스트와 파워링크 등을 집행했을 때의 금액적 차이, 그리고 '파워 콘텐츠는 100배 효율이 난다'와 같은 예상 효율이 몇 배가 차이 나는지를 알 수 있는 내용이었다. 보다 자세한 내용은 전화 혹은 미팅에서 나눌 부분이었다.

처음은 카테고리나 뎁스 등으로 업체를 나누기보다는, 광고를 현재 진행하고 있거나, 진행에 관심이 있는 1차적인 업체가 타깃이었기에 관여도를 낮게 설정했다. 위와 같은 사항을 표로 간단히 정리해 광고에 관심이 있는 이라면 누구나 한 번에 볼 수 있도록 정리하고 한 번에 대량 발송했다. 처음은 시간 절약을 하며 규모를 키우는 것이 먼저였다. 카테고리를 나누고 광고 진행 프로세스 등을 나누는 등 넥스트 스텝에 대한 구상을 함께 구상 중이었는데, 이에 앞선 첫 번째 스텝조차도 이 시장에서 거의 일어나지 않은 상황이었다. 업체 대표님들은 이런 메일도 처음 받아보셨는지, 내가 먼저 전화를 하기도 전에 내 책상의 전화벨일 빈번하게 울리기 시작했다.

그렇게 제안서를 세팅해 본격적으로 발송했고, 제안서 발송 첫 달 약 3,000건의 메일을 발송했다. 이 시기부터 나는 모든 직원의 전공필수인 '전화영업'을 파업했다. 하지만 그 누구도 뭐라 하는 이 없었다. 영업 성과가 과장급 이상이었다. 같은 영업사원들이었지만 시간이 흐르면 흐를수록 활용할 수 있는 시간도 기하급수적으로 차이가 났다. 하나 둘 나만의 프로세스와 시스템을 만들어 가다 보니, 다른 직원이 하루 100건의 전화를 돌릴 때, 나는 몇 번의 클릭만 해도 되는 수준이었다. 하지만 나만의 시간을 더 치열하게 보냈다. 새로운 방법에 대한 구상과 또 다른 액션, 그리고 조금 더 효율적인 방법 등 더 나아갈 수 있는 '진짜 일'을 매일매일 해나갔다. 크몽 같은 사이트에 개인 사비까지 지출하며 '무료로 광고 진단해 드립니다'와 같이 상세페이지를 직접 만들어 광고를 하는가 하면, 점심시간에 카페를 가더라도 사장님께 "사장님, 여기는 마케팅 어떻게 하세요?"라고 물으며 시장조사와 사전 영업을 했고, 퇴근 이후에도 지식인과 기타 홍보 사이트를 세팅하고 마케팅 커뮤니티 '아이보스' 등에서 현업 마케터들이 쓴 글들을 공부하고, 모르는 부분은 직접 댓글을 달며 학습했다. 이렇게 영업을 위한 기반에 공을 들였다.

100통의 발신전화와 10통의 수신전화

제안서는 시간이 흐르며 ver.2, ver.3을 기록하며 고도화되었고, 최종 버전은 무려 ver.30 이상을 기록했다. 더 많은 영업 성과와 결과는 새로운 영감과 데이터를 주었다. 새로운 광고주와의 디테일한 과정과 성공 사례는 다음 ver.의 중요한 포인트가 됨과 동시에 신뢰도와 시장성 또한 높여주었고 지속해서 선순환이 선순환을 만드는데 큰 기여를 했다.

동기들은 여전히 하루 100통의 전화를 돌렸다. 나는 이제는 전화 한 통을 돌리지 않아도 한 달에 10여 통의 전화가 먼저 왔다. 대부분 영업으로 이어지는 순도 높은 전화들이었다. 동기들에게 먼저 전화가 오는 경우는 0%를 수렴하는 상황이었고, 정말 전화를 잘 하는 동료가 두 달째에 한 건의 영업 성공을 한 상황이었고, 3개월, 6개월이 지나도 영업 한 건 성사시키지 못한 동료들이 대부분이었다. 과장급의 경우도 기존 거래처 관리를 하는 것이 대부분이었기에 월 1~2건의 영업 성공이면 회사에서도 탑티어였는데, 내가 그 이상을 기록하고 있는 것이었다. 첫날 첫 영업 성공 이후 첫 달의 성과는 4건이었다.

모든 사장님들이 바라는 '사장처럼' 일하며 일궈낸 성과였다. 입사부터 퇴사까지 사실상 출근시간과 퇴근시간은 존재하지 않았다. 돈을 버는 것이 유일한 목표였고, 돈을 벌기 위해서는 영업을 성공시켜야 했고, 영업을 성공시키기 위해서는 위와 같은 시간을 보내야 하는 것이 당연하다고 생각했다. 그리고 첫 달은 더 중요한 시간이기에 시스템과 프로세스에서 모르는 부분을 '빈칸 채우기' 하며 타이트하게 보냈다. 모든 것을 내 것으로 만들기 위해 기본기를 철저하게 다지는 시간이었다. 그리고 시간이 흘러 실제로 6개월 차 정도부터는 마음의 여유가 많아졌다. 업무 역량적으로도 태도에서도 말이다. 출근하는 마음가짐은 언제나 평온하고 여유로웠으며 오늘은 또 어떤 날이 그려질까에 대한 기대감만이 있었다. 동기들은 아직까지도 출근과 퇴근의 고통을 호소하는 친구들이 많았던 시기다. 이 시기에도 고민은 여전히 똑같았다. 어떻게 더 효율적으로 영업을 성공시킬 수 있을까. 그것을 위한 나만의 프로세스는 무엇이 있을까.

외부 미팅 나가는 유일한 신입사원

이 시기 이후로 고객사들의 전화가 먼저 오기 시작했다. 제안서의 효과가 조금씩 나타나기 시작했다. 이날도 그랬다. 한 업체에서 연락이 왔다. 메일 제안서를 보고 전화를 했다고 담당자는 말했다. 광고 방법에 대한 전반과 디테일한 사항들을 전하자 담당자는 대면 미팅을 제안했고, 며칠 후 미팅을 진행하게 되었다. 남상인 팀장과 미팅에 참석하게 되었다. 동기들 중 첫 미팅 참석이었다. 그리고 입사한 지 채 한 달이 되지 않아 이렇게 대면 미팅에 참석하는 신입사원은 사실상 전무했다. 미팅은 성공적이었다. 알고 보니 담당자는 업체 대표였고, 광고 작업 방식에 대해, 그리고 담당자인 나라는 사람에 대해 신뢰를 느꼈다고 전했다. 그리고 이 신뢰의 말을 행동으로 바로 보여줬다. 이 대표는 해당 업체 말고도 인수한 회사들이 몇 개 더 있었는데 그 회사들의 광고 대행까지 순차적으로 모두 내게 맡겨주었다.

신뢰와 믿음을 주는 관계

그리고 또 한 번의 행운이 찾아왔다. 앞서 한 달 가량 근무했던 ㅇㅇㅇ미디어에서 나를 교육해 주었던 서경재 팀장님이 인터ㅇㅇ이라는 회사 마케팅 담당으로 이직을 했고, 한 달이라는 짧은 기간 동안의 연이 이어져 광고 이야기를 나눌 수 있는 상황이 주어졌다. 지나가는 이야기처럼 광고 이야기를 나누었고, 어느 정도 의사결정을 할 수 있는 상황이라는 것을 인지하게 되었다. 그래서 또 제안서를 준비했다. 짧지만 그간 업데이트된 수정 보완 사항까지 모두 담아 브리핑을 했다. 돌아오는 대답은 다행히 계약 의사였다. 이렇게 또 한 건의 계약을 따냈다.

어린 나이부터 배달 일을 하며 사람 관계에 대한 생각을 많이 했다. '계산된 관계는 갖지 않는다'. 나름 다양한 사람들을 어릴 때부터 만나며, 그리고 많은 사람들에게 상처를 받으며 얻은 사람 관계에 대한 결론이다. 관계에 있어 계산한 사람만 아는 완벽한 계산은 없었다. 마주하는 상대방 역시 너무나도 쉽게 계산된 관계를 파악했다. 내가 그렇게 느꼈다. 어린 나이에, 그것도 '배달'이라는 일을 하니, 무시와 깔봄은 매일매일의 일상이었다. 꽤 많은 이들의 기본 세팅 값이 내려다보는 시선이었지만, 반대로 그렇지 않은 이들도 많았다. 그리고 양 집단의 극명한 온도차만큼, 각각 집단의 교집합 역시 소름 끼치게 유사했다. 말투, 대화 스킬, 제스처, 행동, 생활수준, 아파트값 등 신기하게도 모든 것이 연결되어 있는 것처럼 느껴질 정도였다.

그래서 몇 가지 원칙이 생겼다.

첫 번째, 신의를 먼저 저버리지 않는다.

두 번째, 겉모습으로 판단하지 않는다.

세 번째, 직접 겪어본다.

네 번째, 말보다는 행동으로 판단한다.

다섯 번째, 이 과정을 통해 남는 관계는 오래도록 가져간다.

위 원칙은 사실 나 자신에게 먼저 적용되는 부분이기도 하다. 말과 행동, 나아가 역량까지 일치시키려 노력한다. 대부분의 인간관계는 이 부분에서 신뢰를 형성한다. 나 자신이 그러한 존재가 되려 노력을 했고, 돌이켜보면 지금 오랜 기간 동안 좋은 관계를 유지해온 사람들의 가장 큰 공통점도 바로 이 부분이다. 안상율 대표, 서경재 팀장, 헬스트레이너 모두 '말과 행동이 다르지 않은 사람들'.

가장 신뢰하는 사람

헬스 트레이닝을 5년 넘게 꽤 오래 했다. 그런데 이 5년이 넘는 기간 동안을 단 한 명의 헬스 트레이너와 함께 했다. 가장 믿음이 간다는 것은 시간이 증명해온 것 같다. 우정이나 관계의 정도를 떠나 꽤 짧지 않은 시간 동안 관계를 가져 보니 그냥 그 사람을 알게 되는 것 같다는 생각이다. 그리고 이 긴 시간 동안 말과 행동의 결을 유지한 사람이기도 했다.

처음 다닌 헬스장에서 관장님이 트레이너를 소개해 줬다. 운동을 배우는데 모든 것이 정석 그대로였다. 배려와 서비스 마인드도 너무 좋아 배울 점 또한 많았다. 감정의 기복 없이 차분한 점도 사람을 더 돋보이게 하는 지점이었다. 그렇게 시간을 1년, 2년 쌓다 보니 5년이 넘도록 지금까지 오게 되었다. 지금은 뭔가 바라는 것 없이 챙겨주고 싶은 관계가 되었다. 그러다 보니 아기 선물은 물론 아내분 생일선물까지 챙겨줄 정도로 친밀해졌다. 그래서 넥스트 비즈니스 중 '헬스장 브랜드' 론칭에는 이 트레이너가 중심이고 없어서는 안 될 존재다.

"정욱 씨는 인생 2회차잖아"

입사 후 3개월, 회사 직원이 약 200명 정도였는데 이제는 대부분 나를 알았다. 포인트는 눈에 띌 정도로 열심히 하는 것. 신입사원이 앞뒤 안 가리고 뛰어다니다 많이 눈에 띈 것 같다. 그 행동이 좋든 싫든 말이다. 영업사원 대부분은 형 동생 했고, 같은 팀 직원들과는 그보다 조금 더 친밀하게 지냈다.

사실 겉으로 열심히 한다 혹은 직원들과 좋은 관계를 쌓기 위해 친근감 있게 다가간 것보다는 성과가 우선이었다. 입사 첫날 계약을 성사시킨데 이어 첫 달에 4건, 이후에도 한 달에 꾸준히 2건씩은 계약을 성공시켰다. 아직 신입사원 대부분은 단 한 건의 계약도 성사시키지 못한 상황이었고, 대부분의 과장급 보다 좋은 퍼포먼스였다. 사내에는 내 귀에 들릴 정도로 소문이 퍼졌다. '똘똘한 신입사원이 입사했다'고.

"네가 그걸 어떻게 알아?!"

그리고 이 시기에 별명이 생겼다. 당시 정병주 과장과 박병재 과장 등 과장님 대부분은 30대 중반에서 40대였다. 나와는 모두가 10년 차이 이상이었다. 쉬는 시간 혹은 점심시간에 이야기를 나누면 내게는 생소한 듀스와 지오디 등 흘러간 90년대 스타들이 대화의 중심에 섰다. 그들의 존재를 모르지는 않았지만 그들의 활동을 라이브로 소비하지는 않았기에 대화에 참여할 수가 없었다. 그래서 일부러 공부를 했다. 공부를 하니 대화에도 자연스레 녹아들 수 있었다. 그러면 과장님들은 "어? 네가 그걸 어떻게 알아?!" 식의 반응을 나타냈다. 그렇게 일상적인 대화도 편하게 나누며 인간적인 관계를 쌓아갔다. 이렇게 쌓아온 관계를 퇴사 후 꽤 시간이 흘렀음에도 지금까지 유지하고 있다. 매년 한 차례씩은 여행을 함께 갈 정도로.

업무에 있어서도 비슷한 사례가 많았다. 당시 광고대행사의 가장 중요한 포인트는 네이버 파워콘텐츠 였다. 그래서 사실상 자는 시간을 제외하면 파워콘텐츠만 보고 공부하고 했다. 특별한 역량이나 기술이 필요한 부분은 아니었지만 디테일한 사례와 수치 등을 많이 수집하면 수집할수록 광고주들에게 맞춤형 제안이나 사례 등을 언급하며 영업에 있어 우위를 점할 수 있어 밤낮없이 오랜 시간을 들여 수치와 사례를 외울 정도로 공부했다. 네이버 검색광고 센터에 들어가면 누구나 볼 수 있도록 파워콘텐츠가 가능한 키워드들이 나오는데, 이 리스트를 엑셀로 다운받을 수 있다. 그리고 이 키워드들을 파워링크로 혹은 파워콘텐츠로 광고하 경우 예상 광고비가 얼마나 발생하는지를 확인할 수 있다. 하나하나 모두 수작업으로 검색해 봐야 하는데 이래야만 디테일한 사항과 광고금액들을 확인할 수 있기에 또 중요하다. 이 과정이 쌓이고 반복되니 영업 목표와 전략도 자연스레 따라왔다. 퇴근하고도 서칭과 리스트업은 계속되었고, 눈에 띄는 키워드나 상대적으로 광고단가가 많이 저렴한 키워드의 경우 따로 정리를 해두었다. 대중적인 키워드 단가가 5,000원이라면, 여기에 해당 카테고리에 해당하는 단어만 붙이더라도 광고 단가는 50원까지 떨어지기도 했다. 그러면 이 100배의 광고금액 차이가 특정 업체 제안에 있어 메인 전략이 되는 셈이었다. 이런 키워드를 찾을 때면 '광고 단가가 100배나 차이 난다고? 내일 출근해서 ㅇㅇ브랜드에 영업해야겠다'라고 생각하며 콧노래를 부르곤 했다. 이 부분은 지속적으로 업데이트되던 제안서에도 그대로 녹아들었고 제안서를 베이스로 한 광고 영업은 선순환 구조를 갖게 되었다.

그런데 이 시간들이 쌓이기 시작하니 동료 신입사원은 물론 과장님들도 내게 파워콘텐츠에 대해 묻기 시작하는 일이 잦아졌다. 업무 관련 대화 중 키워드에 대해 이야기 나누다 보면 키워드와 단가를 검색하는 경우가 많은데, 이미 대부분 외우고 있어 검색하는 중간에 바로바로 광고단가, 광고량, 검색량, 전환 수치, 전환 단가 등을 이야기하면 대부분 "어? 네가 그걸 어떻게 알아?!" 하고 또 놀랐다. 이런 상황이 반복되자 사실상 키워드&단가 자판기라는 이미지가 생겼다. 모르는 것 없이 키워드만 말하면 자동으로 광고 단가가 나오는 식이었다.

시간이 조금 더 흘러서는 이제 광고 단가만 외우는 것이 아닌 실제 광고를 진행했을 때의 대략적인 성과도 꽤 높은 수준의 신뢰도로 예측이 가능해졌다. 이제 동료 신입사원들은 내게 묻는 빈도가 적어졌고, 그 빈자리는 과장님들이 채웠다. 내가 바라보는 뷰가 조금 더 전문적이고 고도화될수록 과장님들이 나를 찾는 빈도 또한 높아졌다. 이제 본인들의 광고 영업에 대한 조언까지 구하기에 이르렀다.

과장님들의 경험을 단시간에 따라가기는 사실상 불가능했고, 짧은 시간이지만 압도적인 학습량의 공부와 반복을 통해 경험치를 따라갈 수 있는 나만의 차별화 지점을 만들었다. 그리고 이 시기에 별명이 만들어졌다.

"정욱 씨는 인생 2회차잖아."

마음에 든다기보다는 뿌듯한 별명이었다. 나이는 가장 어렸지만, 아직 부족한 게 너무나도 많았지만 그간의 노력이 조금은 보상받는 그리고 인정받는 느낌이었다.

CHAPTER. 9

뺀질이에서 에이스로 (feat. 박병재 과장)

'이 사람만 클리어하면 회사생활 편해질 것 같은데'

고인물 꼰대 과장

출근 첫날부터 영업을 성사시키고, 첫 달에만 4건의 계약을 성공시키며 회사 생활은 정확히 내가 예상하고 그리는 그대로 진행되었다. 회사에서의 존재감도 생각보다 더 커졌다. 이제 영업 파트에서 나를 모르는 사람은 없었고, 회사 전체에서도 '영업팀에 똘똘한 신입 들어왔다며?'라는 말이 돌 정도로 존재감은 나날이 커져만 갔다. 그리고 순탄하기만 했던 직장 생활에 첫 장벽이 등장했다. 회사에서 경영진을 제외하면 사실상 넘버원이었던 '짬 킹' 박병재 과장이었다.

박병재 과장은 한 단어로 표현할 수 있다. '꼰대'. 나와는 띠동갑이었던 그는 해병대를 전역한 후 이 회사에서만 14년을 다닌 고인물이었다.

이런 그가 타 부서에서 너무나도 좋은(?) 타이밍에 우리 팀으로 부서를 이동했다. 박병재 과장의 캐릭터는 너무나도 분명했다. 우리 팀에 합류하며 회의실에 모두를 소집했고, 그는 일장연설을 시작했다.

"나는 꼰대이고 용납할 수 없는 몇 가지가 있다. 사무실에서 다리를 꼬거나 다리를 떤다던가, 출근할 때 반바지를 입는다던가, 지각을 한다던가, 이런 것들은 절대 용납이 안된다. 그리고 업무 전할 때는 반드시 앞존법을 쓰는 것 잊지 않았으면 좋겠다."

이렇게 누가 보고 들어도 꼰대스러운 어투와 이야기들로 자신의 첫 이미지를 장식했다. 그리고 시간이 흐르며 다양한 사항과 사례가 붙으며 정도를 더해갔다. 그리고 이 꼰대스러움은 내게로 향하며 절정을 치달았다. 나도 평범하지는 않았다. 반바지를 입고 출근을 했고, 박병재 과장이 꼰대스럽게 할수록 주눅 들지 않고 오히려 더 기를 펴고 다녔다. 그냥 자연스럽게 그렇게 되었다. 타고난 성향이었다. 지기 싫어하는. 이 부분이 박병재 과장의 심기를 건드렸고, 이미 돌이킬 수 없는 강을 건너버렸다. 나는 그에게 '깐족거리는 신입사원'으로 낙인이 찍혀버렸다.

박병재 과장은 이때부터 색안경을 쓰고 나를 보았고, 과장하면 숨쉬는 것까지 터치할 정도로 사사건건 나를 괴롭히기 시작했다. 이 모든 사건의 발단은 앞서 이야기한 '반바지 출근'이었다. 박병재 과장이 아직 우리 팀으로 오기 전 단 한 번 구내식당에서 마주친 적이 있었는데, 그

날이 내가 반바지를 입고 출근한 날이었다. 멀리서 그와 눈이 마주쳤고, 위아래로 내 차림을 훑어본 후 갑자기 눈빛이 돌변하더니 첫 마디를 날렸다.

"반바지 존나 멋있는 거 입고 왔네?!"

"그렇죠? 멋있죠? 시원해요."

'나는 이런 외압에 굴복하는 사나이가 아니야'라고 속으로 외쳤다. 그리고 이때부터 시작되었다. 박병재 과장의 나를 향한 집중 마크가. 다행히도 나중에 알고 보니 우리 팀으로 부서 이동을 한 것이 '나의 존재' 때문은 아니었지만, '혹시 그 이유인가?' 할 정도로 밀착마크했다. 전성기 해버지의 피를로 마크 이상이었다. 옴짝달싹할 수가 없었다.

그에게 내가 타깃이 된 것 같았다. 일거수일투족을 감시하고 조금의 빈틈만 있으면 언제든 태클을 할 준비가 되어 있는 사람처럼 어디선가 나타나 내 행동거지를 문제 삼으며 다른 직원들 앞에서 보란 듯이 나를 못살게 굴었다.

집중 마크의 디테일은 날이 갈수록 더해갔다. 팀원들이 함께 있는 단톡방에 질문을 올리면 질문만 딸랑 올렸다고 욕을 먹었다. "단톡방이 네 친구들 단톡방이야?"라며 "통성명하고 '감사합니다.' 하고 물어봐야지"라고 뺨을 툭툭 치면서 말했다. 다른 대부분의 직원들이 비슷한 방식을 택했지만 욕을 먹는 것은 내가 유일했다.

회사 생활의 전환점이 필요했다. '박 과장만 내 편이 되면 회사 생활 편할 것 같은데..', 내 문제점을 개선하면서 모든 방법을 다 써 박 과장을 내 편으로 만들어야 했다. 그래야 회사 생활을 온전히 할 수 있었고, 광고 영업 프로세스를 온전히 체득할 수 있었으며, 나아가 내 사업으로 전환 또한 가능했다. 입사 첫날부터 영업을 성공시키며 첫 달에만 복수의 계약을 체결시킨 내게는 박 과장의 존재가 유일한 걸림돌이었다. 이 걸림돌을 제거하는 것이 '부자를 향한' 내 큰 그림의 유일한 방해요소였다.

박 과장은 내 옆자리였다. 이제부터는 내 밀착마크가 시작되었다. 가장 일찍 출근하는 박 과장보다 더 일찍 출근하고, 화장실에 가면 화장실에 따라가고, 점심 식사 시간에도 언제나 함께 했다. 일과를 마친 후에도 박 과장이 회사 앞 헬스장에서 운동하는 것을 알아내고는 무작정 등록한 후 "과장님, 저랑 운동같이 하시죠?"라고 말하며 헬스도 함께 했다.

박 과장의 반응은 조금은 달라졌다. "아, 좀 귀찮으니까 그만 좀 따라다녀"라고 말은 했지만 그 말속에 담긴 톤과 행간의 의미는 조금은 달라져 있었다. 조금은 애정이 묻어 나왔다고 할까. 함께 보내는 시간이 많아지면서 조금 더 자연스러워졌고 대하는 것도 편해졌다. 그리고 시간이 조금 흐른 어느 날 박 과장은 점심 식사를 하며 "정욱아, 너 보면 볼수록 참 괜찮은 놈 같다"라는 말을 전했다. 처음에는 계획하고 의도한 관계였으나 시간이 조금씩 흐르며 의식적인 것들은 조금씩 사라져 갔고 나 또한 친한 형 대하듯 어느덧 하고 있었는데 이 말을 듣자 뭔가 감회가 새로웠다.

이 대화 기점으로 박 과장과의 관계는 더욱 깊고 두터워졌다. 이 뒤로 박 과장에게 나라는 존재는 무엇을 해도 다 괜찮은 사람이었다. "정욱이는 다 괜찮아"라는 식의 농담도 간혹 건네고는 했다.

“이정욱 대리님이시죠?”

광고대행사에 근무하던 시기였다. 기존 회사 제안서가 아닌 한 페이지 분량의 새로운 제안서를 타깃 업체에 전달했었고 조금씩 제안서에 대한 반응이 오던 때였다. 전화가 한 통 왔다. 자신을 안현진 과장이라고 밝혔고, 제안서의 내용이 흥미로워 먼저 전화를 걸었다고 말했다. 궁금한 부분이 많았던지 이것저것을 물어보았고 모든 사항에 자세히 답해주었다. 광고 여부를 전화상으로 결정하기보다는 대면 미팅 후에 생각하는 듯 보였고, 그냥 물어보기만 하고 전화를 마무리하면 내가 ‘시간 낭비만 했네’ 혹은 불안할 것 같았는지 “미팅 후에 책임지고 광고 대행을 이관하겠다. 걱정하지 말고 미팅 오시라”는 메시지까지 전했다. 아직 도장을 찍은 건 아니었지만 또 한 번의 광고 영업 성공이나 다름없었다.

미팅 날이 되어 을지로에 위치한 인쇄소 골목으로 향했다. 한눈에 보아도 너무나도 낡고 허름한 골목이었고 건물은 이보다 더했다. 엘리베이터는 당연히 없었고 계단은 성인 두 명이 설 수 없을 정도로 좁은 허름한 건물이었다. 사무실에 도착해 미소 띤 얼굴로 명함을 교환했다. 그런데 알고 보니 과장이 아니라 대표였다. 대외적으로 실무에는 과장이라는 타이틀이 더 현명하고 효율적이라는 판단으로 보였다. 당시 30대 중반이었던 안현진 과장이 안현진 대표로 바뀌자 조금은 다르게 보였다.

"지금 광고 대행을 진행하고 있고 많은 영업 전화를 받았지만, 정욱 대리님 같은 방식의 맞춤형 제안은 처음이었어요. 너무나도 뻔하고 예상 가능한 영업 멘트가 대부분이었는데 핵심 메시지만 한눈에 '딱' 보기 좋게 담아 좋았어요. 마지막 부분에 담긴 편지 같은 글에서 진정성도 느꼈고요. 동시에 궁금증이 생겼고. 그래서 연락을 드렸어요."

미팅은 이렇게 기분 좋게 시작되었다. 후에 이야기해 준 내용이지만 안현진 대표는 나의 제안 메일을 확인한 후 '중요한 메시지함'에 따로 저장을 해놓았다고 했다. 정신없이 바쁜 와중에 메일을 잠깐 확인했는데 내용이 신선하고 인상 깊어 꼭 연락해 봐야겠다고 생각했다고 한다. 그리고 약 한 달 뒤에 전화가 온 것이었다.

"오히려 대박 징조 아니야?!"

명함을 교환하고 간단한 인사를 마친 후 노트북 펼치고 현재 광고의 문제점을 설명해 주려는 때 갑자기 "불이야!!"라는 소리가 들렸다. 옆 건물에 불이 난 것. 확인해 보니 생각보다 불이 컸다. 안현진 대표는 "야, 하드 챙겨 하드!!"라고 말하며 외장하드를 허겁지겁 챙겼다. 당황하던 나 또한 뭐라도 해야겠다는 생각에 "뭘 도와드릴까요?" 말했고, 안 대표는 "미안하지만 일단 오늘은 여기서 마무리하고 다음 주에 다시 봅시다"라고 답했다. 불은 생각보다도 꽤 컸는지 그날 저녁 뉴스에 크게 다뤄졌다. 사무실로 복귀해 남상인 팀장에게 "불이 나서 아무것도 못하고 왔어요."라고 약간은 의기소침하게 말했다. 남 팀장은 "아 그래? 오히려 대박 징조 아니야?!"라며 기운을 북돋아 줬다.

그다음 주에 다시 을지로로 향했다. 이번에는 나의 광고 영업을 막을 만한 요소는 없었다. 앞서 안현진 대표가 궁금해했던 파워콘텐츠에 대해 자세히 설명을 해주었고, 안 대표는 만족스럽다며 서류에 도장을 '꾹' 눌러 찍었다. "앞으로 잘 부탁드리겠습니다!"라고 인사를 마치고 사무실로 복귀했다. 그런데 이게 또 무슨 일인지 이번에는 우리 사무실 옆 신축 건물에 불이 났다. 불이 난 것을 보고 바로 119에 신고를 했다. 최초 발견자도, 최초 신고자도 나였다. 소방대원은 최초 신고자인 나를 불러 상황 설명을 요청했고 본 그대로 말씀드렸다. 다행히 불은 더 번지지 않았고 인명피해도 없었다. 정신없는 상황이 마무리되고 퇴근 즘 지난주 남상인 팀장이 했던 말이 생각났다. '좋은 징조라고?! 진짜 그런가

보네'.

이 징조는 맞아떨어졌다. 광고대행사 근무하던 때 내 매출의 큰 부분을 담당해 주었고, 끝까지 함께 했다. 안현진 대표 브랜드를 관리하며 미팅을 하면 가끔 "이 대리, 언제 독립해?"라고 먼저 물어왔다. 속으로는 놀랐다. '내가 차릴 걸 알고 있네?'하며. 내가 "회사 차리고 싶어요"라고 말하면 언제나 "내가 무조건 따라가 줄게"라며 힘을 실어줬다. 그리고 실제로 퇴사 후 광고대행사를 차렸을 때에도 다시 한번 함께 했다. 광고대행사 운영을 마무리하면서는 "좋은 사람 소개해 드리겠다"라고 하고 담당자를 소개해 줬고 미팅까지 같이 가서 마무리까지 매듭을 지었다.

남는 마진 없는 '광고 효율 100배' 영업

이 시기 네이버의 '파워 콘텐츠 광고'라는 것이 처음 나왔다. 블로그 광고 방식인데 우리 회사에 남는 마진은 없었다. 이 '남는 마진 없다'가 주요했다. 회사에 남는 마진이 없다 보니 거의 모든 영업사원들이 광고주에게 추천하지 않았고 관심도 없었다. 돈벌이가 안 되고 일만 늘어나니 할 이유가 없었던 것. 이러니 수요와 공급의 법칙에 맞게 광고 단가가 말도 안 되게 싸졌다. 예를 들어 현재 클릭 당 1,600원에 광고를 진행하고 있는 경우 파워 콘텐츠 광고는 비슷한 효과를 클릭 당 50원으로 할 수 있는 수준이었다. 생각하면 할수록 광고 효율이 너무나도 좋았다.

고민을 해보았다. 현재 광고 대행을 진행 중인 대표들이라면 기존 진행 중인 것에 이것을 추가하지 않을 이유가 없어 보였다. 예를 들어 한 달에 2만 원만 더 쓰더라도 현재 광고 효율의 2배는 더 낼 수 있어 보였다. 그리고 실제로 진행해 보니 그게 맞았다. 제안서의 핵심은 '파워 콘텐츠'가 되었다. 여기에 블로그 원고도 써 줄 수 있고, 배너도 만들어주고.. 등등 관련 모든 프로세스를 다 해줄 수 있다고 정리했다. 미팅에서 이 장점을, 그리고 내 확신을 강조하고 반복했다.

"이렇게 좋은데 왜 아무도 안 하는지 모르겠어요. 론칭된 지 얼마 안 되어서 그런 것 같은데 빨리 진행하셔야 돼요. 지금 다른 사람들 잘 모르는 것이 오히려 기회예요. 안 대표님 브랜드 키워드 쪽 공부를 조금 했는데 클릭 당 50원도 안 해요. '롤 라벨' 검색하면 지금 경쟁 브랜드 자체가 없어요. 아무도 안 해요. 그래서 50원 써도 1등이 되어 가지고 그대로 바로 광고 노출 가능합니다."

당시 광고 대행에만 한 달에 한 200~300만 원 정도를 쓰던 안 대표는 이 금액에 약 3만 원만 추가해 효율을 2배 이상으로 끌어올릴 수 있었다. 예상한 2배 수준이 아니었다. 뛰어넘어도 너무나도 훌쩍 뛰어넘은 약 100배 효율이었다. 클릭 당 5,000~6,000원 검색어는 단 50원으로 가능했다. 안현진 대표는 후에 "현재 광고 대행을 진행하고 있음에도

'파워 콘텐츠 광고'의 존재 여부를 몰랐어요. 내가 지금 광고를 진행하고 있는데 왜 현재 담당자가 아니라 정욱 대리님한테 이 말을 듣죠? 현재 광고업체가 아쉽네요"라며 최종 광고 결정을 하며 말했다.

두 수 앞을 본 영업

앞에서도 잠깐 언급했듯 파워 콘텐츠 광고는 마진이 없다 보니 대부분의 영업사원들이 거들떠보지도 않았다. 남상인 팀장조차 "이거는 매출에 포함 안 되니까 진행 안 해도 돼"라며 무시했다. 나만 생각이 달랐다. 내게는 너무나도 훌륭한 미끼였다. 광고 효율이 압도적이니 광고주들 입장에서 하지 않을 수 없는 너무나도 달콤한 제안이었고, 이 효율만 있는 그대로 설명하는 것이 내 유일한 목표이자 목적이었다. 이 효율을 이해하면 대부분의 광고주들은 긍정적으로 생각했고, 새로운 무기를 장착하고 싶어 했다. 그러면? 기존 광고업체에서 우리 쪽으로 바꿔야 했고, 나는 이 엄청난 무기로 사실상 광고 영업에 무혈입성했다.

아직 신입사원 시절이던 시기였다. 입사하고 3달도 채 되지 않은. 그렇게 아무도 하지 않던 파워 콘텐츠 영업을 했고, 파워 콘텐츠만을 기준으로 전사 200명의 영업사원 매출의 20%를 혼자 만들어냈다. 당시 한 달 기준 영업 성공 건 수는 약 10건이었다. 입사 후 3개월 동안 아직 한 건의 영업도 달성하지 못한 신입사원이 절반가량이었고, 대리급 이상으로 적용 범위를 넓혀도 1년에 10건 이상 영업 성공하는 직원도 절반이 넘지 않았다.

업을 대하는 태도

광고대행사 근무 시절부터 시작된 안현진 대표와의 인연은 지금까지도 이어진다. 인간적인 관계로도 좋고 영향을 많이 받았지만 특히 이 업(온라인 운영 사업방식)을 대하는 방식과 태도를 많이 보고 배웠다. 사무실의 첫인상은 을지로의 허름한 인쇄업체 그대로였지만 홈페이지는 아니었다. 고객 친화적인 UI는 동종업계에서 쉽게 볼 수 없는 깔끔하고 심플함이었다. 사실상 고객의 100%가 온라인 방문이니 특별히 홈페이지에 신경 쓴 것이 보였다. 안 대표는 이에 대해 "우리 회사의 강점을 부각시키는 데는 아끼지 않아. 이제는 사실상 온라인 마케팅 세상이니까. 홈페이지 하나는 압도적이어야 한다고 생각했고, 다른 브랜드보다 조금 더 공들이고 열심히 만들었어"라고 전했다. 너무나도 당연하고 간단한 이야기지만 이 말은 후에 광고대행사와 공유 오피스 등 나의 전반적인 사업 진행에 있어 필수 참고 지점이 되었다. 최고의 강점은 더욱 날카롭고 뾰족하게.

3부

29살 수십억 자산가

돈이 주는 최고의 베네핏은 '시간'이다. 돈은 시간을 아낄 수 있게 해준다.

돈으로 시간을 산다는 이야기를 하는 이유다.

CHAPTER. 10

대표님들에게 사업을 배우다

3일 아르바이트에서 시작된 3년 인연

"정욱이 너 정도면 괜찮지, 이제 이 회사 네가 맡아서 해"

드라마 <도깨비>의 미술의상을 만들 때의 일이었다. 당시 이한상 대표와 함께한 지 벌써 3년, 3일 아르바이트로 시작한 것이 흘러 흘러 3년이 되어 있었다.

신입생의 꿈은 네임드 조각가

시작은 어린이 프로그램 <뽀뽀뽀>였다. 아이들의 눈높이에 맞춘 카메라 형상의 인형탈을 만드는 것이었다. 어린이 프로그램에 성인이 카메라, 비행기, 자동차, 기차 등 형상의 탈을 쓰고 율동을 하는 모습을 상상하면 된다. 이 탈 만드는 작업이 시작이었다. 대학교 1학년의 어느 날 학교 과 작업실에 작업을 하고 있는데 선배로부터 단체 메시지 하나가

왔다.

'조형물 만드는 아르바이트할 사람 3명 지원받아요.'

메시지를 봄과 동시에 1순위로 지원을 했고, 이렇게 3일 단기 아르바이트를 하러 특수의상 전문업체 ㅇㅇ하우스로 향했다. 대학 졸업 이후 나의 꿈은 네임드 조각가였기에 작업을 하러 가며 '기술도 배우고 인맥도 만들어야겠다'고 생각했다. 내가 꿈꾸는 업에서 나보다 앞서 있는 사람들, 그리고 프로들의 작업 방식이 궁금했다. 열심히 해보자는 마음이 커졌다.

실제로 열심히 했다. 그 누구보다도. 프로와 아마추어는 엄연히 다르기에, 육체에 고통만을 가하는 끊임없는 반복작업의 연속이었지만 나 자신을 위해 꾀부리지 않고 미션 클리어를 위해 갈아 넣었다. 3일간의 프로젝트는 그렇게 잘 마무리되었다. 3일의 작업을 끝내고 급여를 받았다. 프로에 미치지 못할 뿐 아마추어라도 전문성은 있었다. 배달 아르바이트보다도 높은 급여를 받았다. 배달 일을 할 때와는 또 다른 기쁨이었다. 잠시 후 이 기쁨에 더 큰 기쁨이 더해졌다. 돌아가려는데 대표님이 "정욱이는 잠깐만 볼까?" 하며 사무실로 불렀다.

"정욱이는 다음에 프로젝트 있으면 또 올래?"

"네. 저야 좋죠. 또 오겠습니다."

함께 온 동기 2명이 더 있었지만 대표의 제안은 나에게만 해당되었다. '열심히'가 통했나 보다. 이후 처음에 함께 갔던 동기 중 1명은 다음 프로젝트에도 함께했지만 거기까지였다. 이후에는 혼자만 프로젝에 참여했다.

처음 프로젝트에 참여할 때는 알지 못했는데 이한상 대표는 이 분야 우리나라 최고 전문가였다. ㅇㅇ하우스는 국내 내로라하는 영화와 드라마 특수의상 제작에 있어서는 언제나 손꼽히는 업체였다. 후에 이한상 대표는 "정욱이는 첫날부터 다르더라. 실력이 월등하다기보다는 태도가 남달랐어"라고 말씀해 주셨다. 초반부 프로젝트의 작업물들은 대학교 미술 실기로 생각하면 오랜 시간과 열정을 갈아 넣으면 클리어가 가능한 수준이었다. 난이도 있는 작업은 아르바이트생에게 배당되지는 않았기에 조형 기초와 반복 작업에 대한 인내, 그리고 이를 얼마나 꼼꼼하고 책임감 있게 마무리하느냐가 관건이었다. 시간과 노력으로 충분히 메울 수 있는 지점이었다. 소위 '노가다 방식'이었으니 실력 차이가 있다고 하더라도 이 실력이 드러나는 작업은 아니었다. 직원분이 하는 것을 옆에서 유심히 보고 최대한 퀄리티를 맞추려 한 노력의 보상이었다.

프로가 일하는 법과 어른

이한상 대표는 될 때까지 했다. 중간에 마무리하거나, 퀄리티가 마음에 들지 않는데 어물쩍 넘어가거나, 거짓을 말하는 경우는 없었다. 사람 손으로 할 수 있는 것이라면 무조건 끝까지 해서 마감을 맞추는 타입이었다. 대표이지만 실무자이기도 한 이한상 대표와 일을 하며 이 부분에 대해 많은 배움과 깨달음을 얻었다. 꼼수를 부리는 타입은 아니었지만 단순히 꼼수를 부리지 않는 수준과 프로가 한계까지 밀어붙이며 일하는 수준 사이에는 엄연히 간극이 존재했다. 내가 최선의 결과물을 가져가도 부족한 부분이 있을 때가 꽤 많았다. 그러면 언제나 “좋은데 이 부분은 더 신경 쓰면 마감이 조금 더 깔끔할 것 같네”와 같은 식이었다. 언제나 좋은 점과 부족한 점을 디테일하게 살펴주었다. 이 3년의 시간 동안 ‘프로가 일하는 법’을 배울 수 있었다.

한 번은 추운 겨울날 함께 출장을 간 적이 있었다. 자동차 공장에서 갑자기 연락이 온 급한 프로젝트였다. 작업 환경이 굉장히 좋지 않았고 작업실과도 거리가 멀었지만 이한상 대표는 '도와달라'는 요청에 흔쾌히 응했다. 어느 정도 작업을 진행하고 일정 시간 동안 건조를 시키는 경화 작업을 진행하고 있었다. 업체 대표는 최소 하루는 걸리는 시간을 무시하고 "지금 빨리 당장 해주세요"라고 요청했다. 안 되는 것을 해 달라고 하는 요청이었다. 이미 며칠 동안 프로젝트가 진행된 시점이었다. 해당 업체의 무리한 요청은 계속되었고 이한상 대표님은 단호하게 말했다.

"저희 이 프로젝트는 여기까지만 하겠습니다. 그냥 가겠습니다."

프로젝트 비용도 받지 않고 복귀를 하게 되었다. 재료비와 인건비 등 손해가 적지 않았다. 이한상 대표의 그런 화가 난 표정은 이전에도, 그리고 이후에도 본 적이 없다. 하지만 이 감정이 나를 비롯한 다른 직원에게까지 전해지지는 않았다. 직원들의 일당과 급여에, 그리고 프로젝트의 손해에 대한 속상한 감정 또한 직원과 아르바이트생에게는 조금도 전해지지 않았다. 오로지 대표가 감당할 몫이었다. 돌아오는 차 안에서 이한상 대표는 "추운데 힘들었지? 고생 많았다. 고기 먹으러 가자"라며 직원들을 다독였다. 속상한 감정은 업체 대표와의 언쟁 시점에만 존재했다. 그리고 그곳에 그대로 두고 온 것. 이한상 대표는 어른이었다.

알바 팀장으로 승진한 단기 알바생

이날 이후 이한상 대표에 대한 신뢰와 믿음이 커져 이 업에 대한 애정과 열정 또한 커졌다. 프로젝트가 있다는 연락이 올 때면 언제나 우선순위로 두었다. 이 시기 이후로 나의 포지션도 달라졌다. 나는 더 이상 단기 아르바이트생이 아니었다. 아르바이트 팀장이 되었다. 이한상 대표는 추가 인력이 필요할 때면 언제나 내게 먼저 연락을 해 "정욱아, 이번에 3명 정도 조각 TO가 있는데 성실한 친구들로 섭외해 줘, 부탁할게"라고 이야기하곤 했다. 그러면 나는 성실한 선배, 후배들로 팀을 꾸려 가곤 했다. 한 후배는 나를 통한 당시의 인연으로 지금도 영화 특수분장팀에서 자신의 영역을 넓혀가고 있는 중이다.

시간이 흐를수록 이한상 대표와 조금씩 더 가까워졌다. 한 번은 백반집에서 옹기종기 모여 점심을 먹으며 회사의 미래에 대해 이야기를 했다. 이한상 대표의 "이제 회사 운영도 힘에 부치네"라는 말에 나는 "그럼 회사 저 주세요"라고 했더니 "그래 뭐, 너 정도면 해도 되지. 정욱이가 해. 그러면"이라고 말했다. 나는 "회사 조금 더 키워가지고 제가 대표이사하고 대표님은 회장님 하세요"라고 덧붙이기까지 했다. 대표님은 당시 나를 'ㅇㅇ하우스의 보물, 복덩이'라고 부르곤 했다. 그만큼 거리낌 없었고 신뢰가 쌓였었다.

프로와 일하는 시간이 조금씩 조금씩 쌓이자 어느 순간부터는 내가 보아도 나의 작업물의 결과물이 동기들과는 많이 다른 수준이었다. 대학생 과제 수준은 확실히 벗어난 상태였다. 교내 전시회와 공모전 등에 참가하면 1등 하는 것이 어렵지 않았다. 그 결과 장학금을 받으며 남은 대학 생활을 마무리했다. 동시에 프로와 아마추어의 차이 또한 확실히 느낄 수 있었다. 누군가에게 돈을 받으며 일할 수 있는 수준의 퀄리티가 어느 정도인지, 그리고 열심히 보다 더 중요한 것이 존재한다는 사실을 분명히 배울 수 있었다.

당시 페이스북에 작업물 사진을 올리면 작업 의뢰 연락이 끊이질 않았다. 하지만 대부분 의뢰는 내가 꿈꾸는 작품이 아닌 제품 의뢰였기에 거절했다. 물론 예외는 있었다. 이 과정에서 한 중견기업 회장님의 작품 의뢰로 조각상을 만들게 되었는데, 우연히 나의 토르소 작업물을 실제로 본 회장님은 "너무 아름답네요. 저도 토르소 하나 갖고 싶네요"라며 알음알음해 내게 제안을 했고 실제로 프로젝트가 진행되었다. 프로젝트 비용으로는 당시 대학생에게는 꽤 큰 금액인 200만 원이었다.

실수에 대한 부끄러운 기억

돌이켜보면 특수미술 일은 모든 프로젝트가 육체적으로 너무나도 힘들었다. 하지만 정신적인 고통이 이보다 더 컸다. 내가 작업한 퀄리티가 대표님 기대치에 미치지 못할까 하는 걱정에 잠을 못 이룰 정도였다. 경험이 쌓이며 작업에 대한 자신감도 생겼다. 그리고 어느 날, 기본 마감만 하던 내게 이한상 대표가 처음으로 "이제 도색해도 되겠다"라고 말하며 도색을 맡겼다. 당시 작업 전에 벌벌 떨었던 기억이 생생하다. 도색은 뒤가 없는 작업이었기에 그만큼 부담이 컸다. 실수라도 하면 '컨트롤+Z'를 누르고 지운 후 다시 없던 일처럼 할 수 없었다. 다시 처음부터였다.

대표님의 인정이라는 생각에 설렘도 있었지만 부담감이 더 컸다. 부담이 너무 컸을까. 실수를 하고 말았다. 우레탄으로 작품을 만드는 작업이었다. 틀에 우레탄을 부은 후 말리고 뜯어내는 과정이었다. 이 작업은 세밀한 과정이 필요한데, 예를 들어 우레탄 100그램에 경화제를 100 대 1 과 같이 미세한 비율로 맞춘 후 전자저울로 재가며 정확한 계산을 통해 제조를 하는 방식이었다. 그런데 이 비율을 틀리는 실수를 하고 만다. 그 결과 경화는 이상하게 일그러지며 진행되었다. 대표님께 "이거 실수했습니다"라고 말하는 그 순간이 너무나 부끄러웠다. 이한상 대표는 "괜찮아. 다시 하면 되지. 시간이 없으니 이건 내가 맡을게"라며 다독였지만, 다시 생각해도 정말 부끄러운 순간이었다. 누군가의 인정과 기대를 충족시키지 못했다는 것, 앞으로 나아가지 못했다는 것이 아쉬운 지점이었다. 이 아픈 실수의 기억은 나를 조금 더 단단하게 만들었다. '실수도 할 수 있지 뭐'는 핑계일 뿐이라고 생각한다. 실수는 실패를 만드는 가장 빠른 길이기도 하다.

인생을 결정하는 5분

<뽀뽀뽀> 작업을 했던 시기로 다시 돌아가면, 처음 단기알바를 마주했던 시점에는 사실 동기들과 큰 차이는 없었다고 생각한다. 하지만 이후 조금씩 조금씩 실력 차이가 났을 것이다. 그리고 이 실력 차이는 그 사람의 인생 방향에도 조금씩 영향을 주었다고 생각한다. 처음에는 실력보다는 결국 마감 퀄리티 차이였고, 이 마감 퀄리티는 앞에서도 이야기했지만 누구나 할 수 있는 수준이었다. 시간과 공만 들인다면. 이 마감 퀄리티의 차이는 결국 '바라보는 목표'의 차이에서 왔던 것 같다.

하루 일당이 목표인 사람에게는 마감 퀄리티보다는 시간 채우고 일당을 받아 가는 것이 사실상 목표의 전부였을 것이다. 나는 이 분야 최고 전문가에게 기술도 배우고, 이 사람들이 알고 있는 노하우를 빼앗아 오는 것이 목표였다. 여기에 장기적인 인간관계를 갖는 것 역시 목표의

중점적인 부분이었다. 동시에 프로와의 갭 차이를 느끼고는 더욱 동기부여가 되어 더 열심히 할 수 있었던 계기가 되기도 했다.

이 다른 목표는 일당 10만 원이면 10만 원치 일을 하는 사람과 15만 원, 나아가 그보다 더 큰 가치를 만들어내는 사람으로 구분 짓는 지점이 되었다. 최근에 유튜브 영상을 보다 인상 깊은 내용이 있었는데 한 자산가를 인터뷰하는 내용이었다. 질문자는 "부자가 되는 말은 무엇이 있을까요?"라고 물었다. 이 자산가의 답변이 흥미로웠다. "말을 하지 않으시면 됩니다." 자산가 답변의 핵심은 이랬다. 내가 어떤 사람인 것을 보여주고 싶으면 '이 업무도 잘하고, 시스템화도 잘하고, 청소도 잘합니다'라고 말로 하는 것이 아니고 그냥 그 말을 행동으로 '그냥 하라'는 것이다. 말이 아닌 행동과 태도로 보이라는 것. 앞 상황의 나도 이를 의도했든 의도하지 않았든 이를 말이 아닌 행동으로 보여준 결과가 아닌가 생각된다.

자주 가는 카페가 있는데 종종 아르바이트생들이 청소하는 모습을 목격한다. 그런데 저마다 프로세스가 다르다. 어떤 아르바이트생은 빗자루질을 중앙 부분과 보이는 부분만 하는 반면 또 어떤 아르바이트생은 테이블과 의자를 옮기며 빗자루질은 한다. 물론 후자가 더 힘들다. 힘든 것보다는 귀찮다는 편이 더 어울리겠다. 그런데 시간으로 따지면 10분, 아니 5분이나 될까? 싶다. 나는 이 5분이 사람의 인생을 결정한다고 생각한다. 적어도 내 인생은 이 5분들이 쌓여 바뀌어 왔다는 것에는 확신을 갖고 있다.

이한상 대표는 이 작은 행동의 차이를 첫날 보았던 것 같다. 당연히 그도 그런 시간들이 있었기에 볼 수 있지 않았을까 싶다. 그러니 이를 마음에 들어 하지 않았을까. 나에게서 지난날의 자신을 보며. 3일에서 끝날 수 있었던 프로젝트 인연은 그 후로 3년까지 이어졌고, 내가 미술 쪽을 떠나 있는 지금까지도 10여 년간 이어져오고 있다. 아직도 전화해 "밥 사주세요" 하면 반가운 인사와 함께 "뭐 먹고 싶어?"가 돌아오는 첫 대답이다.

사업의 전환점, 공유오피스 광고주 영업

수익구조가 더 높은 사업 모델? 언제나 도전!

"이 대리, 너 보내기 아쉽다."

"이 대리랑 평생 가고 싶어."

머리가 지끈 지끈했지만 어제의 성과는 만족할만했다. 또 영업을 성공시켰다. 마시지 못하는 술을 정신을 부여잡으며 끝까지 함께했다. 단순히 영업만을 위한 정신력에 의한 시간 때우기는 아니었다. 안상율 대표는 첫 만남부터 인간적인 면모나 대표로서도 배울 점이 많았다.

2019년 광고대행사에서 근무하던 막바지, 퇴사를 앞둔 시기였다. 당시 입사 후 1년 5개월이 지난 시점, 나는 영업에서 정점을 찍으며 황제로 불릴 정도였다. 2년 차면 아직도 신입에 속하던 시기, 모두 똑같은 훈

련병이었지만 나는 아니었다. 전투병이었다. 나만의 맞춤형 제안서는 하루하루 날이 지날수록 진화했고, 피드백 횟수와 영업 성공률도 가파르게 상승했다.

또, 모두가 가지 않는 길

안상율 대표 또한 나의 제안서를 보고 먼저 전화를 걸어왔다. 조금 더 공을 들인 노력의 결실이었다. 안 대표가 운영하는 한얼비즈니스 센터가 어느 날 눈에 들어왔다. 당시 우리 회사가 관리하는 회사가 아니더라도 특정 업체가 네이버 혹은 다음과 같은 포털 사이트에서 광고비를 얼마나 집행하는지를 확인할 수 있었는데 한얼비즈니스 센터는 네이버에만 한 달에 무려 800만 원 정도를 쓰고 있었다. 이 정도 버짓을 쓰는 회사는 중소기업에서는 흔치 않은 수준이었다. 영업사원 입장에서는 너무나도 메리트가 있는 업체였다. 영업사원 중에서도 경험이 있는 이들만의 관리 영역이었고, 나 정도 연차의 신입사원급이 맡는 경우는 거의 없었다.

'이 업체 뭐지? 광고비를 엄청 많이 집행하네?'

이 정도 업체를 온전히 데려온다면 꽤 큰 실적을 기대할 수 있었다. 이미 다른 업체를 이용하고 있기에 어떻게 데려오는지가 관건이었다. 고민을 했다. '이 대어를 어떻게 해야 가져올 수 있을까?' 네이버에는 이미 한 달에 800만 원이나 쓰고 있기에 나의 핵심 전략 중 하나였던 '파워

콘텐츠'를 활용하는 방식은 경우의 수에서 삭제했다. 당시 나는 다른 영업사원들은 등한시했던 다음 쪽을 파고 있어 다음 쪽과 연결 지어 방법을 연구해 보았다. 이번에도 운이 좋았다. '다음 메인 배너 광고'는 한얼 비즈니스 센터를 위한 영역이나 다름없다는 결론을 냈다. 마케팅 성향과 버짓 그리고 현재 다음 쪽에는 거의 진행을 하지 않고 있는 상황, 모든 것이 마치 나를 위해 짜인 각본처럼 움직였다.

당시 네이버와 다음의 메인 배너 광고는 과금 프로세스가 명확히 구분되었다. 네이버는 메인 검색창 바로 아래에 위치한 기다란 배너가 메인인데 이 영역은 네이버에 접속한 모든 이들에게 고정적으로 노출하는 조건으로, 예를 들면 '1시간에 4,000만 원'과 같이 구좌가 정해져 있고 시간당 금액 역시 픽스되어 있었다. 대기업이 아니면 시도조차 못할 엄두도 내지 못하는 비싼 금액이었다.

하지만 다음은 달랐다. 당시에도 여전히 네이버가 부동의 1위였기에 유사한 영역에 광고주를 유치할 수 있는 방법으로 네이버와는 다른 노선을 택한 것으로 보였다. 다음은 그때부터 지금의 AI와 유사한 빅테이터를 활용했다. 특정 유저가 무엇을 검색했는지, 어떤 사이트에 주로 접속을 했는지, 특정 사이트에 머무는 시간과 상품 구매 패턴 등을 활용해 해당 유저의 성향은 어떤지, 관심사는 무엇인지를 파악했다. 그리고 메인 배너의 광고는 이 결과물에 따라 각각의 유저에게 상이하게 노출되었다. 그리고 광고주에게 과금하는 방식은 '클릭당 비용'이었다.

네이버 공화국에서 '다음 배너 광고'는 아이러니하게 당시 내게 한줄기 빛과도 같았다. 그리고 수 일간의 서칭과 비교 분석을 통해 어떤 광고주도 거절하지 못할 지점을 찾아내고 말았다. '클릭 당 단가 50원', 마법과도 같은 광고비용이었다.

당시 다음만을 가져오는 계약은 사실상 영업사원들에게 큰 메리트는 없었다. 대다수 영업사원들은 소위 '돈이 되지 않아서' 다음을 거들떠도 보지 않았던 것이다. 그래서 나에게는 더 메리트가 있었다. 본체인 네이버만 계약하는 업체가 많았고, 자연스레 마케팅에 공격적인 업체 중 다음 쪽을 진행하지 않고 있다면 내 레이더망의 표적이 되었다. 다음 계약 건만 성공시킨다면 네이버 쪽도 데려오는 것은 적어도 당시의 나에게는 당연한 수순이었다. 처음에는 근거 없는 자신감이었지만, 결국 끝까지 하나둘씩 해내다 보니 이 자신감에는 근거가 하나둘씩 또 쌓였다.

소탐대실? 대탐소실!

네이버에만 800만 원을 쓰고 있는 한얼비즈니스센터는 다음 메인 배너 광고를 거의 공짜나 다름없는 수준으로 첫 페이지에 노출을 시킬 수 있었다. 유선상으로 안 대표에게 이 부분을 중점적으로 설명했다.

"공유오피스를 찾는 사람들은 '공유오피스', '비상주사무실' 등의 단어를 검색할 텐데 이 단어를 등록만 하면 다음 메인에 한얼비즈니스센터가 노출됩니다. 금액이 얼마든 이 영역에 노출되는 것만으로도 구조적으로 크고 안정된 회사의 이미지를 심어줄 수 있는 기업 브랜딩 효과가 있는데, 실제 매출 전환율 또한 높은 수준일 겁니다. 그리고 여기에서 사실 핵심은 금액인데 이게 클릭 당 50원 수준입니다."

포인트는 통했다. 안 대표는 유선상으로 바로 계약 의사를 전했다. 그리고 당장 만나자며 적극적인 모습을 보였다.

안 대표와 박 대표, 멘토와 빌런

이제 입사 1년이 막 지난 시점의 신입사원이 외부 영업 미팅을 혼자 나갔다. 이런 경우는 적어도 우리 회사는 흔치 않은 것이 아니라 유일했다. 신입사원 혹은 1~2년 차 직원이 미팅을 성사시킬 경우에는 보통 팀장급이 동행해 미팅을 이끌어주는 것이 일반적이었다. 앞선 시간의 경험을 통해 만들어진 프로세스였다. 신입 직원들만 보냈던 경우에는 예상치 못했던 다양한 상황이 발생했다. 광고주는 이미 구두계약까지 마친 상태인데 막상 미팅 당일 직원의 쭈뼛쭈뼛거리는 태도에 캔슬을 한다거나, 안 해도 될 말을 해 과한 서비스를 준다거나, 브랜드 이미지에 심한 타격을 입히는 언행 등 통통 튀는 신입사원들은 언제나 회사의 예상을 벗어나는 범위까지 선을 자유롭게 넘나들었다. 이 신입사원들의 상대는 대부분 대표였으니 그 경험 차이와 역량 차이, 그리고 사소한 대응의 디테일까지 간극이 너무나도 심했던 것. 이런 상황에서 회사의 전통을 깼던 것이었다. 동료 직원의 "잘 하던데요" 평가는 팀장급에게 전달이 되었고, 이 피드백은 본부장과 그 이상 라인까지 공유가 되었고, 회사 재직 기간 대부분 영업을 홀로 다니게 되었다. 입사 1년 차 신입사원이 말이다.

기약한 다음 미팅 날이 되었다. 시간을 4시로 잡았다. 2시간의 미팅 후 칼퇴를 위함이 아닌, 자연스러운 저녁 자리까지 염두에 두고. 당시 신입사원들이 미팅을 나간다 하더라도 늦은 오후 미팅은 전무했다. 신입사원의 미팅 후 루틴은 사무실 복귀 후 사항 보고였기에 어떤 신입사원도 늦은 오후 시간대의 미팅을 선호하지 않았다. 늦은 퇴근은 상상도 할 수 없었기에. 이런 이유도 있었지만 내게는 사실 다른 혜택이 있어 늦은 오후 시간 미팅이 가능했다. '미팅 후 사무실 복귀 및 보고'는 내게는 해당되지 않았다. 그러니 자연스레 미팅 시간 선택과 조절이 자유로이 가능했다.

술자리는 무르익고 있었다. 동시에 계약 진행도 정점을 향해 달렸다. 안 대표의 경우 이미 전화상으로 설득이 끝난 상태였고, 박 대표 또한 안 대표가 자리하기 전까지 나의 설명과 설득에 사실상 이미 도장을 찍은 상태였다. 이미 다음 건 계약을 마무리 지었다고 생각한 나의 목적은 이미 다음이 아닌 네이버였다. 지난 미팅에서보다 조금 더 적극적으로 임했고, 이들이 가져갈 수 있는 베네핏을 일목요연하게 설명하며 마지막으로 한마디를 덧붙였다.

"제가 얼마나 열심히 하는 놈인지 한번 보여드리겠습니다."

두 대표의 돌아오는 답변은 다음과 같았다.

"이 대리, 너 보내기 아쉽다."
"이 대리랑 평생 가고 싶어."

이미 네이버 계약 또한 사실상 계약이 마무리된 상태였다. 박 대표의 경우에는 이 이야기 끝에 안 대표 모르게 슬쩍 동업 제안까지 했다.

훗날 이 동업 제안은 실제로 벌어지게 되었고, 나는 이 일로 인생에서 경험하지 않아도 될 경험을 하게 된다. 물론 이 좋지 않은 경험은 시간이 흐르고 내게 더 큰 가치를 안겨주었지만 당시에는 너무나 뼈아픈 경험이었다.

광고비 대비 전환매출액, "이거다!"

이후 광고 관리를 하며 업체 방문이 자연스레 잦아졌고, 안상율 대표와는 자연스럽게 형 동생 하며 개인적 친분 또한 쌓게 되었다. 뱉은 말은 책임지며 실행하는 스타일이 마음에 들었는지 시간이 흐를수록 막냇동생처럼 신경을 써주는 것 또한 느껴졌다. 개인적 친분을 쌓은 이후에는 새벽에 전화가 와도 얼굴을 보러 갈 정도였다. 이렇게 우정 또한 조금씩 조금씩 쌓여갔다. 서로 누구보다도 신뢰할 수 있고, 서로의 등 뒤를 맡길 수 있는 그런 사이가 되어갔다.

동시에 나의 역량과 퍼포먼스 또한 수직 상승했다. 당시 안 대표가 했던 말이 특히 기억에 남는다.

"정욱아, 나는 원래 걸어가고 있었는데, 너를 만나고 나서 자동차를 타고 비행기를 탄 속도가 되었어. 고맙다."

그리고 목표로 한 시기가 찾아왔다. 그리고 1년 7개월의 시간을 뒤로 한 채 퇴사를 했고, 이제 대표로서의 삶을 또다시 한번 시작하게 되었다.

광고대행사를 차리고 난 후에는 안 대표 개인과도, 그리고 안 대표 회사와도 조금 더 주고받는 부분이 많아졌다. 광고 대행 관리는 나날이 효율이 극대화되었고, 안 대표 회사 매출은 수직 상승 그 이상, 퀀텀 점프를 했다. 이 기간에는 안 대표의 제안으로 사실상 지점 2~3개를 내가 직접 운영하는 방향으로 선회되었다. 단순 영업만이 아닌 프로세스의 시스템화 등에서 진일보하게 되었다. 안 대표 회사의 기업화에 큰 도움을 주게 되었다.

CHAPTER. 11

첫 창업 공간 반지하부터 전재산 투자한 강남 사무실까지

전재산 투자해 입성한 강남

공유오피스 트레이닝 기간 약 30일 동안 물음표는 느낌표로 바뀌었다. 안상율 대표의 일부 지점과 이를 기반해 만든 플랫폼 홈페이지 운영은 높은 영업 성공률을 만들어냈고, 이러한 성과는 '이 정도면 내가 차려도 되겠다'라는 확신을 갖게 했다. 실제로 공유오피스 또한 필드에서 영업을 직접 해보니 '이건 무조건 된다'가 이 당시 내 생각이었다.

언제나 그랬듯 바로 실행에 옮겼다. 바로 사업자를 냈다. 안 대표는 내 일처럼 기뻐해 주었다. 그날의 축하는 아직까지도 너무나도 생생하게 그려진다. 그만큼 고마웠다. 이미 실제 운영 프로세스와 필드 영업 등을 이미 경험, 나아가 트레이닝까지 한 상황이기에 입지 선택이 유일한 관문이었다. 이 과정에도 안 대표가 함께해 주었다. 새로이 브랜드를 론칭한 사업가들의 니즈와 기존 공유오피스 사전조사를 통해 대략의

지리적 윤곽은 잡아놓은 상황이었다.

강남 강남 강남

'강남 한복판'. 신입 사업가들의 니즈는 너무나도 명확했다. 기존 지점들 중에서도 서울의 경우에는 '강남권'의 비중이 압도적으로 높았다. 시장조사했을 때 파워링크 1~10등 모두 서울이었다. 그리고 그 안에서 강남과 종로 등이 압도적이었다. 그리고 강남 수요가 많다는 것은 당시 약 20개 지점이 있었는데 강남지점의 문의가 압도적으로 많았다. 전국에서 서울의 비율은 약 90%였다. 어떤 카테고리든 서울, 그중에서도 강남이 상징하는 바는 너무나도 명확했다. 대한민국 사람 누구나 강남권 아파트, 한강권 아파트를 평생의 꿈으로 생각하듯 사업장의 위치 역시 마찬가지였다. 안 대표와 함께 이 강남 내에서 최상의 입지를 찾기 위해 발품을 팔고 또 팔았다. 안 대표는 자신의 경험을 통해 평수와 보증금, 월세, 엘리베이터, 주차, 대로변, 지하철역까지의 거리, 근처 대기업의 유무, 건물 연식, 청결도 등 사소하고 또 사소한 부분까지 조언을 아끼지 않았다. 그렇게 동고동락하며 입점할 건물을 정했고, 드디어 사무실 입주 날짜까지 정해졌다.

사무실의 경우 월세 차이는 경기도권이나 강남이나 크게 나지 않았다. 후에 지점을 추가로 낸 안양의 경우 월세가 150만 원이라면 강남은 250만 원 정도였다. 물론 크다면 큰 차이지만 실질적인 수요와 상징성을 비롯해 다른 요소들을 반영하면 그 차이는 미미해지고 오히려 강남이 우위를 점하는 지점으로 바뀌어버린다. 월세 차이 100만 원은 당시 영업을 3건만 해도 메울 수 있는 금액으로 상대적 요소를 더하면 큰 금액이 아니었다.

덧붙이면 공유오피스 사업은 나의 사업장 주소지를 빌리는 시스템이다. 그러다 보니 명함에 들어갈 주소의 상징성이 가장 큰 가치이기도 하다. 특정 지역 혹은 상권을 타깃으로 하는 것이 아니라면 대부분의 경우 경기도권 주소지보다는 '서울시 강남구 ㅇㅇㅇ' 주소지를 선호한다. 이런 여러 이유는 '무조건 강남'을 선택하게 했다. 그리고 강남 한복판 논현동에 위치한 빌딩으로 주소지가 확정되었다.

안 대표는 무언가 더 도움을 주고 싶었나 보다. 입주날까지 정해지자 대뜸 전화를 해 "이 대표님, 뭐 필요한 거 있으세요?"라며 "정욱이 이제 사무실 냈으니까 책상하고 의자는 형이 해줄게"라고 말했다. 넓다면 넓고, 좁다면 좁은 사무실 공간에 무려 책상과 의자 10세트를 해주었다. 너무나도 귀한 책상과 의자였다.

대표 통장 잔고 4만 8,500원

분주했던 나날이 지나고 입주를 무사히 마쳤다. 안 대표를 비롯해 많은 사람들의 도움이 만들어낸 사무실이었다. 사무실 정리까지 마치고 '대표 의자'에 홀로 앉았다. 잠깐이나마 기분을 만끽했다. 광고대행사를 오픈했을 때와는 또 다른 감정이었다. '이제 내 브랜드가 두 개가 되었구나'라는 생각에 뭔지 모를 뭉클함이 일었다. 하지만 오래가지 않았다. 핑크빛으로 시작한 감정은 점점 방향을 선회하더니 종착역인 현실에 도착했다. 어릴 적부터 배달 일과 아르바이트로 모은 5,000만 원의 돈이 보증금과 투자비로 모두 빠져나갔고, 월세와 세금, 기타 비용 등을 모두 계산하고 이것저것 제하고 나니 통장에 찍힌 돈은 4만 8,500원이었다.

갑자기 하늘이 노래졌다. 월세와 광고비, 유지비 등에 대한 부담이 현실적으로 밀려들어왔다. 사실 광고대행사 수입으로 기본적으로 사업을 진행하는 비용은 어느 정도 충당이 가능했으나, 앞서와는 다른 꽤나 큰 리스크가 내게 처음으로 부담으로 작용한 시점이었다. 벼랑 끝에 선 기분이었다. 사업구조와 대부분의 프로세스, 예상 가능한 최악의 시나리오 등 대부분이 스크린 된 이후였지만, 이 불안감을 완전히 지울 수는 없었다.

지끈거리는 머리와 두근거리는 가슴

올인 또 올인이었다. 광고대행사에서 쌓은 경험은 꽤나 큰 힘이 되었다. 그리고 이 분야에서 또 다른 차별화 지점을 만들 수 있게 하는 너무나도 중요한 밑거름이었다. 첫날부터 기존 안 대표 지점에서 만들었던 성공 프로세스의 과정을 하나하나 밟아 나갔다. 광고 가이드라인 설정과 키워드 세팅, 도달 범위, 세부 타깃 등을 지속적으로 수정 보완하며 AB 테스트를 진행했다. 최적 지점까지 몇 날 며칠을 진행했다. 그리고 이는 오래 걸리지 않았다.

놀랍게도 하는 것마다 기대 이상의 성과들이 나오기 시작했다. 처음에는 운이라고 생각했다. 하지만 시간이 조금씩 흐르며 드는 생각은 생각보다 간단했다. 그동안 쌓아온 과정이 하나둘씩 빛을 발하고 있었다. 다양한 광고와 마케팅은 '이보다 더 좋을 수 있을까'라는 생각이 들 정도로 적재적소에 배치가 되었고, 그 결과인 효율도 잘 나왔다. 톱니바퀴가 잘 물리며 앞을 향해 천천히 구르기 시작했다.

마케팅은 생각보다 더 잘 진행되었다. 오픈하고 며칠이나 지났을까. 사무실 전화를 받았는데 문의하는 이의 이름이 익숙하다. 안내를 마치고 계약 진행을 위해 신분증 사진을 받았는데 평소에 즐겨보았던 구독자 200만 명의 유튜버였다. 이후로도 유튜버, 연예인, 스트리머 등 소위 이름 알려진 이들의 문의 전화가 끊이질 않았다.

당시 기억에 남는 에피소드는 청담동 ㅇㅇ이라는 투자자로 알려진 이의 전화였다. 너무나도 익숙한 이름이기에 설마 했는데, 통화를 마치고 개인정보를 확인해 보니 설마가 사실이 되었다. 그리고 바로 전화를 했다.

"이 이ㅇㅇ이 제가 아는 그 이ㅇㅇ인가요?"
"(잠시 정적), 네 맞습니다."
"아 그럼, 진행 어렵습니다"

아마도 사업장을 알아보던 중, 조금 더 마케팅을 활발히 하던 당시의 내 브랜드를 클릭했던 것으로 보이는데, 이때의 망설임 없는 단호한 의사결정은 다시 돌아보아도 옳은 선택이었다. 당시 이ㅇㅇ은 사기꾼으로 이미 징역을 살고 출소했던 시기, 새롭게 또 다른 사기행각을 꾸미고 있었던 시기로 보인다. 얼마 지나지 않아, 약 1년 후 또 코인 관련 사건으로 뉴스를 도배했다. 만약 돈에 눈이 멀어 사기꾼인 걸 알면서도 계약을 진행했다면 내 인생은 또 다른 국면으로 접어들었을 것이다. 이○○의 사기행각을 알고 피해자들이 구름떼처럼 몰려든 뉴스에 등장한 사무실이 내 사무실이 되었을 수도 있었던 사건이다. 지금에서야 웃으며 전하는 일화이지만 당시 다른 판단을 했다면 정말 아찔하기만 하다.

광고대행사에서 쌓은 경험과 노하우

이 시기 네이버 마케팅 비용은 이미 치솟을 대로 치솟은 상황이었다. 기존 광고대행사 시절을 생각하며 광고와 마케팅을 진행했다가는 비용이 감당이 되지 않는 수준이었다. 이 업에 잘 들어맞는 광고와 마케팅법은 무엇이 있을지 계속해서 살폈다. 그러고는 청정 지역을 발견했다. 공유오피스는 부동산 카테고리에 속했다. 하지만 네이버 쇼핑 카테고리에 부동산을 판매하는 사람은 없었다. 바로 테스트를 해보았다. 예상이 들어맞았다.

키워드를 등록하고 상품 품질 관리를 조금만 해도 순위가 수직 상승했다. 50원을 투자해 1등 키워드를 선점했다. 키워드 세팅을 마무리할 시점에 네이버에 '공유오피스'를 검색하면 첫 페이지에 '가우스 비즈니스 센터'로 도배되었다. 비슷한 키워드를 검색해도 마찬가지였다. 공유오피스 혹은 사업자 주소지 대여와 같은 유사 키워드를 검색해도 마찬가지였다. 이 분야에 관심이 있는 누군가라면 결코 내 공유오피스 홈페이지를 클릭하지 않을 수 없었다. 홈페이지 유입자 수는 퀀텀 점프했다. 그렇게 시스템과 프로세스를 만들고 확장해나갔다. 그 당시에는 부산이나 지방 어디에도 아무 공유오피스에 전화해서 "저 가우스 대표인데요" 하면 "아, 네. 압니다."라고 할 정도였다.

이후에는 블로그 쪽에서도 카페 쪽에서도, 일반 키워드 검색에까지 그 영역이 확대되었다. 앞선 광고대행사의 경험은 공유오피스 업에도 너무나도 정확하게 매칭이 되었다. 역량의 대부분을 공유할 수 있어 장점을 극대화할 수 있었다. 둘 모두 핵심 역량은 영업과 마케팅, 이 두 가지가 사실상 전부였다. 그리고 나는 이 업을 동시에 하며 서로 윈윈하는 시스템을 만들어나가고 있었다.

CHAPTER. 12

숨막히는 한 달, 순수익 1,400만 원

첫 번째 과제는 시스템 최적화

안상율 대표와의 제휴 영업

2020년 8월 어느 날, 안상율 대표와 대화 중 '제휴 영업'에 대한 이야기를 하게 되었다. 서로 상대적 우위를 점하는 부분이 명확했다. 안 대표는 시장의 파이, 즉 규모의 경제를 갖고 있었고, 나는 마케팅과 영업에 강점을 갖고 있었다. 서로 제휴 영업을 통해 안 대표와 나의 지점을 동일하게 공유하며 사업을 진행할 수 있도록 계약을 한 것이다. 간단히 말하면 한얼얼비즈니스 센터 40개 지점의 영업 권리를 나 또한 갖게 된 것이다. 물론 안 대표도 내 지점의 영업 권리를 갖게 되는 것이다. 그리고 수익은 50 대 50으로 쉐어하기로 했다. 서로의 지점이 없는 지역을 함께 커버할 수 있었다. 지점 수의 불균형은 나의 적극적인 마케팅과 영업으로 충분히 쉐어가 되었다. 제후 영업까지 더해지자 매출은 올랐고 후에는 강남점 추가 오픈, 안산점, 군포점 등 지점을 늘리게 되었다.

제휴 영업은 여러 방면에서 성공적이었다. 안 대표가 이미 20여 개 지점을 보유하고 있던 터라 내가 지점을 크게 늘릴 필요는 없었다. 지점 확장에 대한 고민과 힘을 온라인 마케팅에 쏟으며 강점에 온전히 집중할 수 있었다. 안 대표는 지속적으로 지점을 늘리고, 나는 마케팅 방향 설정과 프로세스, 시스템을 만드는데 집중했다. 서로 메인 역량을 분산했고, 이 전략은 잘 들어맞았다. 총 공격은 잘 통했고, 안 대표와 나는 소위 말하는 '잘 먹고 잘 살게' 되었다. 사실상 동업이었던 셈이다.

누군가는 '동업'을 입으로 꺼내고 시늉만 하고 '언제 벗겨먹을까 궁리만 하다가' 결국 배신을 했고, 다른 누군가는 말 대신 오랜 시간의 행동과 신의로 쉽게 무너지지 않는 단단한 동업 관계를 만들어냈다. 여러 사건과 오랜 시간이 만들어냈다. 앞서 언급한 통장 잔고 4만 8,500원을 보고 든 생각은 하나였다. '안 되면 죽어야지'. 구체적이고 디테일한 플랜이나 안전장치는 없었다. 내가 온전히 헤쳐나가야만 했다. 막연하게 죽을 각오로 임했지만, 이 과정에도 안 대표가 있었다. 물심양면으로 도움을 줬다. 훗날 당시 영업 장부를 살펴보니 첫 달 영업의 절반가량은 안 대표의 도움이었다. 이러한 일들이 있었기에 앞서 이야기한 것처럼 나 또한 무언가 주고 싶었던 마음이 컸다.

강의 플랫폼 제휴

인생 처음으로 도파민이 폭발한 첫 달의 수익은 나에게 계속 '넥스트!'를 외쳤다. 닥치는 대로 공부하고 또 공부했다. 그러다 한 유튜브 영상을 보았다. 초보 사업가들에게 노하우와 팁들을 전하는 영상이었다. 서칭을 해보니 다양한 강연 플랫폼에서 초보 사업가들을 위한 다양한 강연들이 론칭되어 있었고, 수요와 피드백들이 긍정적이었다. 더 파고 들었다. 매칭되는 조금 더 날카로운 지점이 필요했다. 이 과정에서 '트리거 포인트'를 찾았다.

당시나 지금이나 온라인 스토어 창업이 인기다. 이제는 단순히 국내 물건만 유통되지 않는다. 말 그대로 글로벌이다. 미국의 아마존과 중국의 알리는 제품의 수가 우리가 상상할 수 있는 수준이 아니다. 그리고 이를 국내에 들여와 판매하는 수도 어마어마하다. 트리거는 '상품 개수 제한'이었다. 아마존과 알리는 상품의 수가 수 억 개가 넘는다. 이를 국내에 들여오는데 한 사업자당 10만 개 업로드 제한이 있었다. 이 수를 넘게 되면 사업자를 추가로 내야 하는 것이다. 이렇게 사업자를 10개, 20개 이상 내는 경우가 많았다.

넥스트는 그러면 이들이 모여있는 곳은 어디일까 물음을 던지는 것이었고, 그곳을 찾는 것이었다. 어렵지 않았다. 아마존과 알리에서 물건을 소싱 해 판매하는 방법을 강의하는 플랫폼과 강의하는 이들이 있었다. 그리고 학원까지 있었다. 반갑게도 사업장에서 멀지 않은 안양에도 위치하고 있었다. 바로 전화를 했다. 설명과 함께 제휴 제안을 하니 바로 미팅을 제안했다. 그리고 바로 제휴 계약서에 사인까지 이어졌다.

방식은 이랬다. 학원을 통해 공유오피스 등록을 하는 수강생들에게 할인은 제공하는 것. 그리고 이 과정을 통해 실제 계약이 되면 일정 수익을 쉐어하는 방법이었다. 동종업계에서 이런 방식의 제휴는 없었다. 타 업계와의 콘택트 자체가 없었기에 이러한 수익 창출 방식은 존재할 수가 없었다.

모두에게 윈윈이었다. 가우스는 새로운 수익 창출 파이프라인을 추가하게 되었고, 학원은 똑같은 강의를 하고 마찬가지로 추가 수익 창출 파이프라인은 얻었고, 수강생들은 할인된 가격+원스톱 서비스로 공유오피스를 이용할 수 있었다. 이 시기에 처음으로 안 대표에게 큰 도움을 줄 수 있었다.

생각보다 성과가 좋았고, 고객의 파이는 내가 모두 품을 수 없을 정도로 기하급수적으로 늘어났다. 분에 넘치는 욕심은 부리지 않았다. 내 그릇을 넘어섰다고 생각하면 그 이상의 계약 건들은 안 대표 지점으로 넘겨주었다. 물론 사업이 안정적으로 정착되면서 '나도 이제 지점을 폭발적으로 늘리고 기업화를 해야지'라는 생각이 없었던 것은 아니다. 온전히 내가 영업한 고객들을 모두 가져올 수도 있었다. 하지만 그때나 지금이나 더욱 중요하게 생각하는 것이 관계이다. 그리고 이 관계에서 오는 신의이다. 안 대표의 몫은 이보다 더 컸다. 모든 프로세스와 시스템을 숨김없이 모두 알려주고 '한 번 도전해 봐'라는 동기부여까지 준 그다. 과정에서 작은 벽들이 등장하면 디테일한 방법과 해답까지 안내해

준 사람이었다. 받기만 하다 보니 나 또한 무언가 줄 수 있다면 주고 싶었고 그래서 더 고마움을 표하고 싶었다.

둘째 달 수익은 첫 달 2배, 2,814만 원

2021년 1월, 사업 둘째 달이었다. 순수익은 분에 넘쳤던 첫 달 수익의 2배를 기록했다. 강의 플랫폼 제휴 영업의 성과로 매출은 3,384만 원을 기록했고, 지출을 제외한 순수익은 2,814만 원이었다. 영업이익도 훌륭했다. 80%를 상회했다. 이후 순이익이 1,000만 원 아래로 내려간 적은 없었다.

안정화까지 기간, 단 5일

통장 잔고 4만 8,500원의 충격으로 죽을 각오로 임한지 불과 이틀 만에 첫 달 운영비+@ 수익을 기록했고, 5일 만에 안정화 단계까지 이르렀다. 그리고 둘째 달 수익은 여기서 만족하거나 멈추지 않고 '더 먹거리가 없나?'라는 물음을 멈추지 않은 것이 큰 원동력이었다. 론칭 초기에는 안 대표가 타 지점장들을 소개해 주었는데 이 부분에서 큰 차이가 있었다. 우선 쉬는 날이 많았다. 한 달에 10건 정도만 받아도 월 300만 원 정도 수익이니 자신들이 만족하는 수준만 도달하면 고삐를 풀어버렸다. 아니 아예 놓아버렸다. 이해가 가지 않았다. 새로운 것을 더 하는 것도 아니고 조금만 더 하면 수익이 늘어나는 것이 뻔히 보이는데 '왜 저렇게 하지?'라는 생각밖에 들지 않았다.

론칭한지 세 달 차, 모든 지점장들이 모인 회식 날이었다. 대부분 40~50대였고 나만 20대였다. 하지만 매출이 깡패였다. 대부분 한 달에 10~20건의 계약을 성사시키던 시점, 나는 100건 이상의 계약을 성사시켰다. 안 대표가 나의 눈치를 살짝 살피며 입을 열었다.

"지금 분당점이 매출이 부진한데 정욱이가 분당점 좀 한 번 살펴봐 줄 있나?"

"제가 내일 분당점 한 번 살펴보겠습니다."

나는 그 눈치에 찡긋 화답을 보내며 말했다. 말하는 순간 박수와 함께 "됐다. 됐어", "이제 됐네", "분당점 좋겠네" 등의 말이 오가며 회식 자리는 화기애애해졌다. 이미 트레이닝 기간 동안 안 대표의 지점을 관리하며 단순 관리가 아닌 마케팅 프로세스나 시스템을 내가 직접 만들고 방향 제안을 했기에, 그리고 그 성과를 대부분 지점장들 또한 알고 있었기에 이미 신뢰가 있었다. 내 입으로 이런 말하기는 부끄럽지만 나는 이들에게 '해답을 주는 사람'이었다.

지금까지도 공유오피스 업계 대부분의 마케팅과 영업 방식은 내가 설계해 놓은 것들이 많다. 안 대표 업체를 비롯해 많은 경쟁업체들이 비슷하게 운영하고 있고, 일부 업체들은 사실상 카피캣처럼 운영 중이다.

광고대행사와 공유오피스에서의 시스템과 프로세스에 살만 덧붙이니 이미 안정화 단계였고, 첫 달의 절반도 지나지 않은 시점에 향후 먹거리를 세팅하고 있었다. 그리고 한 달이 이제 마무리된 시점, 결산을 해보았다. 순이익은 1,400만 원이었다. 도파민이 폭발했다. 생전 벌어 본 적 없는, 500만 원도 아니고, 1,000만 원도 아니고, 무려 1,400만 원이었다. 이전까지 광고대행사를 운영하고 안 대표 공유오피스 일을 도우며 벌었던 월 최대 금액은 400~500만 원 수준이었다. 이 당시의 도파민은 지금까지도 넘어서지 못했다. 하루 1억 원을 벌어도 말이다. 그만큼 상징적인 금액이었고, 상징적인 시기였다. 다시는 겪을 수 없을만한 그런 희열을 느꼈다.

한 번의 큰 점프는 확장에 대한 욕심도 주었지만, 그보다는 유지라는 현실적인 목표를 안겼다. 명확한 현실 파악, 즉 요행이 아니었다는 증명이 필요했다. 이 프로세스를 체계화해 오토로 돌아갈 수 있어야 했다. 그래야 넥스트를 계속 생각할 수 있었다. 이 당시 초기에 사무실 처리 업무와 우편물 관리, 온라인 신청 폼과 이후 재계약 관리 등을 직원과 아르바이트생이 처리 가능하도록 구축한 오토 시스템은 개선 보완 과정을 거쳐 몇 년이 지난 지금까지도 그 큰 뼈대를 유지하고 있다. '언제나 넥스트'를 고민할 수 있는 이유다. 생각할 수 있는 시간을 벌 수 있다는 것은 생각보다 큰 가치였다. 직원 고용과 시스템화에 들어가는 비용보다 어마어마하게 더 큰 가치를 만들어내는.

‘퇴사를 위한 입사’를 만든 간절함

돌이켜보면 ‘퇴사를 위한 입사’는 내 인생의 큰 전환점 그 이상이었다. 광고대행사 론칭이라는 목표에서 그치지 않고, 더 큰 가치를 만들어준 공유오피스 론칭까지 할 수 있도록 이끌어주었고, 이 모든 과정의 핵심 역량인 마케팅&영업 최적화 시스템을 고민하고 적립할 수 있게 한 핵심적인 시간이었다. 물론 동 기간 해당 업무를 거친 모든 사람이 비슷한 과정을 겪는 것은 아님을 확실히 알게 되었다. 극히 일부의 사람들만이 이 과정을 자신만의 것으로 만들 수 있다는 것 또한 알게 되었다.

지금의 결론은 ‘간절함’이다. 그냥 월급 정도 벌면 됐지라던가, 나는 큰 욕심 없이 평범하게 살 거야 등의 마음가짐. 돌이켜보면 극히 일부의 사람만이 더 간절하게 새로운 방법을 찾고, 또 단순히 찾는 것에 멈추지 않고, 이를 실행에 옮겼다. 그리고 적어도 이들만이 누군가가 꿈꾸는 억대 연봉 고지를 밟았다.

자신에게 넥스트 스테이지에 대한 과제를 부여하는 것도 쉽지 않지만, 그다음 단계는 이보다 난이도가 높다. '실행'이다. 머리로 생각만 하는 것과 이를 실행에 옮기는 것은 또 완전히 다른 영역이다. 굳이 비율로 표현하자면 1%라고 생각한다. 간단하다. 점심시간 식사 전후에 음식점 골목을 지나가며 "여기 고기집 차리면 대박 나겠네"라고 말만 하는 사람이 있는가 하면, 오히려 이 말에 영감을 받고 행동으로 옮기는 이들이 있다. 후에 먼저 이야기한 사람이 "이것 봐. 내 말이 맞잖아"라고 말하는 것은 그에게는 아무 의미가 없다. 음식점 차리는 것이 시간과 노력과 돈이 들어서라고 위안한다면, 단순히 블로그를 예를 들어보자. 돈도 시간도 노력도 사실상 들지 않는 수준이다. 하지만 대다수 사람들은 생각보다 훨씬 더 게으르다. 그래서 일단 하는 것이 중요하다. 적어도 지금까지의 나는 적어도 행동으로 옮기기만 해도 1%에 든다고 생각한다. 나의 지금까지의 결과는 '언제나 실행에 옮긴' 그 산물이다.

실행이 만든 차이

이 차이는 생각보다 분명하다. 실행을 하지 않으면 우선 결과가 없다. 실행을 하면 성공이 아닐지언정 결과는 무조건 따라온다. 실패를 하든지 성공을 하든지 이 과정은 온전히 당신 자신에게 지속적으로 쌓인다. 알다시피 성공한 사업가, 운동선수, 정치인 등 대부분은 성공만 하지 않는다. 실패가 필연적으로 따른다. 이 성공과 실패의 과정이 적어도 지금의 나를 만들었고, 이 과정이 있기에 앞으로의 내 모습에 더욱 기대를 한다. 로또에 당첨되고 싶으면 로또를 사는 노력이라도 해야 된다. 로또 당첨되는 상상만 해서는 평생 당신에게 행운이 찾아오지는 않을 것이다.

CHAPTER. 13

리스크 관리의 중요성, 치킨 프랜차이즈 창업

인생 난이도 = Easy!!

지금은 그 생각이 많이 달라졌지만 공유오피스를 창업하고 매출이 기하급수적으로 폭발하며 상승할 때는 '인생 난이도가 참 쉽다'고 생각했다. 당시까지 살면서 크게 져 본 적이 없었다. 사소한 내기를 하더라고 항상 내가 승자였다. 넉넉하지 않은 가정에서 태어나 유년 시절과 학창 시절 모두를 하드모드로 살다 보니 사실 평이한 일들은 쉬울 수밖에 없었다. 동년배 혹은 비슷한 상황의 누군가가 이제 막 처음 을 일들을 이미 그 어린 나이에 경험하다 보니 그 상황을 헤쳐나가는 데 있어 큰 어드밴티지가 있을 수밖에 없었다. 그래서 대부분이 쉬웠고, 대부분을 해냈으며, 대부분 해낸 일들은 나에게 또 다른 큰 기회를 가져다주어 계속해서 성공 경험을 반복할 수 있었다.

계속된 성공 경험의 반복

학창 시절의 어느 순간부터는 사람들이 무슨 생각을 하는지 알 것 같았고, 어떤 말이나 행동을 했을 때 무슨 의도인지 또한 알 것 같았다. 그 모든 것이 다 맞지는 않았겠지만, 이러한 내 생각이 기저에 깔리자 오히려 나에게 동기부여를 주는 것이 더 커졌고, 자연스레 예상한 결과에 비슷하게 들어맞는 결과들이 나오지 않았나 싶다.

돌이켜보면 이러한 것들은 역시나 예지력이나 미래를 보는 능력 같은 허무맹랑한 이야기는 아니었다. 돌아보니 정보 소비가 또래 대비 압도적이었다. 중학생 때부터 시사에 관심이 많아 시간이 날 때마다 뉴스를 봤다. 오로지 뉴스만 봤다. 광우병 이슈가 있었던 시기가 생각난다. 당시 광우병 이슈로 시위를 하고 난리였다. 당시 내 관심사는 누가 잘했고, 잘못했고가 아닌 그래서 '광우병이라는 것이 실제로 있는 걸까?'였다. 뉴스를 보고, 신문을 찾아보고, 해당 영상과 웹툰까지 찾아보며 모든 콘텐츠를 소비했다. 신문의 경우 오른쪽 끝에서부터 왼쪽 끝에 있는 신문까지 다양한 신문의 주장을 모두 보았다. 모두의 의견을 달랐다. 실제 팩트는 한 가지일 텐데 모두 주장하는 바와 그 주장하는 바의 뒷받침되는 이야기들이 모두 제각각이었다. 사람들의 반응 또한 각각의 주장에 수렴했다. A 신문을 보는 이들은 신문의 주장을 의심 없이 그대로 수용했고, 이는 B 신문의 경우도 마찬가지였다. 그리고 이 다양성에 대해 깨달았다. 우리나라는 정치판이 양쪽으로 갈려 있고 신문사들도 정치 성향이 있고, 같은 사건을 보더라도 다른 면에 대해서 취재를 하고 보도를 하는구나. 그래서 같은 사건도 시청자에게 다르게 전달될 수밖에 없구나.

당시 의경과 시위대가 싸우던 모습이 찍힌 신문의 기사가 생각난다. A 신문에는 시위대가 맞는 모습이, B 신문에는 시위대가 과격하게 시위를 하는 모습이 담겼다. 이 시기부터 궁금증과 호기심이 더욱 폭발했다. 그리고 뉴스를 더 많이 보게 되는 계기가 되었다.

팩트가 뭘까? 세상을 똑바로 보자

이때부터 지금까지 유지되는 나만의 큰 관점 중 하나가, 어느 사안을 보던지 '팩트가 무엇일까?'에 대한 생각을 먼저 하는 것이다. 사람들의 이야기는 모두 다르다. 그리고 이 이야기들은 보통 다수의 관점에서 해석이 되곤 한다. 그리고 대부분 다수 관점이 맞는 경우가 맞지만 그 반대의 경우도 적지 않다. 하지만 사람들은 이 부분에 별다른 의미 부여를 하지 않는다. 개의치 않고 자신들은 맞는 생각만 했다는 듯이 다시 또 바뀐 생각과 주장에 자신들을 일치시킨다. 틀린 결정을 하고도 마치 옳은 결정을 했던 것처럼 얼렁뚱땅 넘어간다. 기억은 시간을 만나 그 가치를 자연스레 왜곡시킨다. 왜? 그 누구도 뭐라 하는 이가 없기 때문이다. 자신만 속이면 되는 간단한 일이다. 그리고 대부분 이러한 현상에 익숙해지지 않았나 하는 생각이다. 이제 의문이나 질문을 던지는 것이 오히려 부담스럽고 귀찮아진다. 대다수가 가는 방향에 함께 탑승해 힘들이지 않고 가는 것이 세상 편한 것이다.

광고대행사에 입사한 첫날의 상황이 딱 이런 상황이다. 모든 영업사원들의 목표는 너무나도 명확하다. 영업을 성공시키는 것. 하지만 그렇지 않은 이들이 압도적으로 많았다. 그저 '콜 수 채우기'가 그들의 최종 목표였다. 왜? 더 편하기 때문에. 자연스레 이러한 사고에 익숙하지 않은 나는 '저 사람들은 왜 저렇게 일을 할까?'라는 물음을 던지게 되었고 무엇이 이 지점의 현재이고 팩트인지를 찾게 되었다. 해당 사안을 조금 더 제대로 들여다보고 싶었고, 이 제대로 보는 것 자체가 차별화 지점이었다. 사안을 제대로 보는 사람조차도 이미 극소수였기에. 목표를 제대로 보고 싶어 하는 영업사원들만이 영업 성공을 위한 영업을 했고, 이들은 그에 합당한 성과를 얻었다. 목표를 자신들이 편한 방법으로만 해석한 이들은? 마찬가지로 그에 합당한 대가만을 취할 뿐이었다.

다수의 길은 언제나 Easy!

지금 생각해 보니 어느 중대한 사안이 있을 경우 대다수의 선택에 함께 따라가는 것은 언제나 가장 쉬운 선택이었다. 우선 다수이다 보니 이 선택에 대한 책임을 사실상 질 필요가 없고, 두 번째로는 선택에 대한 합리적인 이유 역시 이미 다수에 의해 논리적으로 짜여 있을 것이기에 고민의 노력 역시 필요가 없다. 그저 동조하고 따르기만 하면 된다.

그래서 이 양쪽의 주장과 의견을 모두 존중하는 이들이 무서울 수밖에 없다. 그들 관점의 핵심가치를 알 수 있고, 그에 따른 논리적인 근거와 이유 등을 분석해 볼 수 있다. 왜 그런 생각에 이르렀는지 말이다. 이렇게 된다면 그들의 심리 상태를 적어도 한 쪽 면만 보는 이들보다는 잘 파악할 수밖에 없다. 아마도 이러한 연습들이 그리고 이 연습들이 쌓여 만든 시간들이 훗날 나의 영업에, 그리고 사업 운영에 큰 주춧돌이 되었다.

창업 광고에 솔깃, 야수처럼 덤벼들다

하는 것마다 모두 성과를 만들어냈다. 세상 모든 것이 내게는 말 그대로 'Easy 모드'였다. 하지만 역시나 어른들, 선배님들 말씀은 틀린 것 하나 없었다. 이 자만을 오래가게 내버려둘 세상이 아니었다. 진부한 이야기지만 역시나 세상은 호락호락하지 않았다.

영업사원으로 성공, 영업사원에게 패배

공유오피스 오픈 후 매출은 오르고 또 올랐다. 자만감도 하늘을 찌르고 있었다. 무엇을 해도 될 것 같았다. 세상이 우스워 보였고, 모든 것이 쉬워 보였다. 그러던 어느 날, 뭐에 홀린 것처럼 한 광고가 눈에 들어왔다. 치킨 브랜드 창업 광고였다. 당시 막 포르쉐 계약을 마친 시기였는데 1억 원 정도만 투자하면 여기서 나오는 수익으로 유지 비용을 충당

할 수 있을 것으로 생각했다. 어렵지 않을 것 같았다. 배달 일을 하던 전설의 라이더 시절이 떠올랐다. 치킨집의 모든 시스템과 프로세스를 알고 있었고, 매출이 높았던 사장님들의 차별화 지점 또한 이미 알고 있었다. 이러한 경험의 영향도 적지 않았다.

창업 광고를 보자마자 한 치의 망설임도 없이 본사 홈페이지에 들어가 서류 접수를 마쳤다. 접수를 하자마자 빛의 속도로 전화기가 울렸다. 사무실 근처 카페에서 첫 미팅을 가졌다. 서로 명함을 전달하며 자기소개를 했다. 영업사원은 나보다 10살 정도는 많아 보였다. 그런 영업사원이 "영광입니다. 대표님" 하며 말을 시작했다.

"대표님, 이거 차리시면 1억 원 정도 드는데 다른 브랜드 대비 절반 혹은 ⅓ 정도의 창업 비용에 불과합니다. 직접 운영하실 필요도 없습니다. 시스템과 프로세스가 다 갖춰져 있어 풀 오토로 돌리면 한 달에 최소 300만 원 정도는 고정적으로 수익 발생할 거예요."

고개를 숙이며 말끝마다 대표님을 붙여가며 이야기를 이어갔다. 나를 향한 영업사원의 이런 말투와 행동에 나는 조금씩 우쭐감이 들었다. 살며 처음 겪는 대우, 그리고 감정이었다.

이미 창업을 하겠다는 생각이 어느 정도 있었던 상태에서 영업사원의 말을 들으니 그 생각이 점점 굳어졌다. 첫 번째 이유는 앞서 언급했듯 당시 막 포르쉐를 계약한 상태였기에 창업을 할 경우 영업사원 말대로 발생한 수익으로 차량 유지를 공짜로 할 수 있겠다는 생각. 그리고 두 번째는 나보다 나이 많은 이가 나한테 “대표님, 대표님” 하고 굽신거리며 영업하는 상황을 즐기고픈 마음, 무언가 사회적 지위를 누리고 있다는 생각에, 과시하고 싶은 마음이 컸다. 이 과정에서 중간중간 ‘이게 맞나?’, ‘이렇게 결정하는 것이 옳은 결정인가?’라는 생각이 들기도 했지만, 이미 으스댈 대로 으스된 상태였고, 이미 과시에서 오는 상대적 우월감에 중독된 후였다. 여기까지 와 뒤엎기에는 소위 쪽이 팔리는 상황이었다. 낙장 불입이었다.

두 번째 미팅은 내 사무실에서 진행되었다. 영업사원은 마지막 무기를 사용했다. 영업사원은 “대표님, 이렇게 큰 회사의 대표님이 저를 불러주시고 영광입니다”로 시작되는 달콤한 말을 장장 2시간 동안 퍼부어댔다. 이 달콤함에 매료된 나는 너무나 당연하다는 듯 계약서에 자연스레 서명을 했다. 돌아보면 운영 프로세스와 실제 매입단가, 타 브랜드와의 큰 창업 비용 차이 등 묻고 고민해 봐야 할 것들이 수 백 가지는 되었지만 이 모든 과정이 생략되었다. 영업사원에게 완벽하게 패배했다. 이때까지만 해도 이 선택이 내 인생의 가장 큰 실패를 안겨다 줄 것이라고는 조금 더 생각하지 못했다. 그렇게 나의 세 번째 창업, 치킨 브랜드 운영이 시작되었다.

처참한 결과, 적자 운영

계약에 앞서 실제 운영할 사람이 필요했다. 풀 오토로 돌아가는 시스템이기에 내가 아닌 누군가가 운영하는 방식이었다. 계약 전 이미 매니저 포지션으로 생각해 둔 이가 있었다. 신뢰와 역량 두 가지 모두를 가졌다고 생각하는.

친구 김인권

영업사원과의 첫 번째 미팅과 두 번째 미팅 사이, 미리 점 찍어둔 이에게 연락을 했다. 풀 오토 시스템이기에 사람이 중요했다. 신뢰할 수 있는 사람이어야 했다. 그리고 역량 또한 어느 정도 필요한 포지션이었다. 중학교 동창 중 김인권이라는 친구가 떠올랐다. 너무나도 적합하다고 생각이 들었다. 당시 기능직 공무원 자격증 시험을 준비 중이었는데 몇 년 동안 결과가 좋지 않아 제안해 보아도 좋다고 생각이 들었다. 또한 직장 생활을 하고 있는 다른 이들보다 우선으로 생각했다. 주변에 가장 신뢰가 가는 친구는 아니었지만, 그렇다고 이 제안을 위해 누군가의 직장을 그만두게 할 정도는 아니라고 생각했다. 그 정도로 자신이 있지는 않았다. 이미 운영을 하며 어느 정도의 매출이 보장된 것도 아니었고, 변수는 있다고 생각했다.

인권이는 중학생 때 공부도 곧잘 하고 성격도 괜찮은 친구였다. 시험을 보면 평균 90점를 기록하며 반에서 5등권을 꾸준히 하는 친구였다. 그리고 자기 일은 자기 일대로 맡은 바 다하는 야무진 성격이었다. 항상 성실하고 착실하게 학원 다니며 열심히 공부했다. 친구 관계도 좋아 중학생 때 시작된 인연으로 고등학생 때는 같이 여행도 갈 정도로 신뢰가 있는 친구였다. 이랬던 친구이기에 인권이가 처음으로 생각났고, 사실 다른 후보군은 생각나지 않았다. 그리고 며칠 후 인권이를 만났다.

“일반적인 치킨집 매니저 월급보다 높게 챙겨주고, 인센티브 또한 적용해 줄게. 네 가게처럼 해줄 수 있겠어? 많이 챙겨 줄게.”

“아, 그래. 우선 고민 좀 해볼게.”

그리고 바로 다음날 연락이 왔다.

“정욱아, 내가 해볼게.”

연락을 받고 바로 세팅해둔 작업을 모두 실행했다. 가맹 계약을 하고, 상가를 계약하고 모든 프로세스를 진행했다.

그런데 다시 며칠 후, 인권이에게 연락이 왔다.

"정욱아, 나 다시 공부할래."

말을 듣는 순간 하늘이 노래졌다. 전혀 예상하지 못한 이야기였다. 감정이 동요했고 친구를 향한 원망만이 커졌다. 얼마간의 시간이 지난 후 현실을 보니 이러고 있을 때가 아니었다. 다른 누군가를 섭외해야 했다. 이렇게 다시 정신을 차려보니 깨달음이 찾아왔다.

'여유도 있어야 하는구나'.
'빠른 추진력도 가끔은 문제가 될 수 있구나.'

조금의 시간 뒤 인권이에게 자초지종을 물어보니 인권이의 마음가짐은 아르바이트 정도였다. 둘 사이의 온도 차이가 확실히 있었던 것이다. 인권이 입장에서는 아르바이트 정도라고 생각하니, 마음이 바뀌면 '그냥 안 하지 뭐' 이런 생각을 가지지 않았나 싶다. 사람을 제대로 파악하지 못한 내 잘못이 컸다. 정확히 어떤 역할을 해야 되는지 자세하게 설명을 했지만, 그 사람의 입장에서는 어찌 보면 전달이 전혀 되지 않았던 것. 인권이는 제대로 돈을 벌어본 적도 없고, 사회경험도 없고 이러다 보니 이 제안이 얼마나 큰 제안이지 실감할 수가 없었다. 자신의 이 한 번의 의사결정으로 인해 내가 어느 정도의 손해를 보는지도 전혀 몰랐던 것으로 보인다.

총 1억 원. 보증금 1,000만 원, 가맹비 3,000만 원, 인테리어비 3,000만 원, 초도 물량비 500만 원, 기타 2,000만 원 등 이미 돈은 돈대로 들어간 상황이었다. 이제 뒤로 갈 수는 없었다. 오픈까지 2주일 남았던 시점, 그 안에 누구라도 영입해야 했다.

친구 이경민의 시작

한시가 급했다. 주변 지인 풀에서 구해지지 않는다면 구인 사이트라도 빨리 이용해야 할 상황이었다. 그러다 한 친구가 생각났다. 성인이 되어 알게 된 친구인데 신뢰 포인트가 있었다. 친구 이경민, 대구에 있던 친구를 서울로 불렀다. 다행히 당시 쉬고 있던 상황이었다. 그리고 상황 설명을 하고 제안을 했다. 나름 파격적인 제안이었다. 당시 매장 매니저 포지션으로 평균 급여보다 높게 제안을 했고 여기에 월 매출 구간을 설정해 구간을 넘길 때마다 인센티브를 부여하는 계약이었다. 책임감을 갖고 해줬으면 하는 생각에, 그리고 스스로도 급여에 대해 동기부여를 할 수 있겠다는 판단에 파격적인 대우를 해줬다. 경민이는 이를 바로 받아들였다. "열심히 해볼게"라며 포부와 의지를 보이면서.

여기저기 문제 투성이, 한 번에 폭발

본격적으로 운영을 시작하자 문제가 여기저기서 한 번에 폭발하듯이 터졌다. 당초 생각과 가장 달랐던 것은 운영비용이었다. 배달 일을 하던 시절 치킨 브랜드의 식용유는 한 통에 보통 6~7만 원 선이었다. 여기는 두 배 이상이었다. 한 통에 14만 원이라는 가격표가 붙어 있었고, 타협 혹은 선택의 여지는 없었다. 지금까지 배달 일을 하며 경험한 요식업 브랜드의 매출 대비 원재료비 비율은 약 30% 수준이었는데, 여기는 계산해 보니 그 두 배가 넘는 65% 수준이었다. 분명 계약 전 영업사원은 30% 수준이라 언급했음에도 말이다. 설상가상으로 계약을 이끈 영업사원은 계약 직후 퇴사를 했고, 다른 영업사원이 와 관리를 이어갔다. 말도 안 되는 수준이었지만 이미 오픈했기에 어디 따질 때도, 달리 방도도 없었다. 상대적으로 저렴한 창업 비용의 비밀은 이러한 운영 비용과 창업 비용을 제외한 초기 투자금에 있었다.

브랜드마다 장단점은 있겠지만, 배달 일을 하던 브랜드와 다른 것이 너무나 많았다. 배달 일을 하던 브랜드의 경우 가맹점을 쉽게 내주지 않았는데, 이는 철저한 상권분석에 의거해 정해진 구역 내에서만 가맹점을 내주었고, 정해진 구역을 넘어설 경우 상권이 겹쳐 가맹점을 내주지 않았다. 내가 차린 브랜드는? 이런 프로세스 자체가 없었다. 창업하겠다면 조금 과장하자면 바로 옆집에라도 내줄 것 같은 프로세스였다. 세상에 공짜는 없다는 것을 누구보다 잘 알고 있다고 생각했지만, 자만과 오만이 이 판단 능력을 상실케 했다. 감당은 온전히 나의 몫이었다.

친구 이경민의 마무리

앞서 보았듯 결국 2주 내에 구인을 마쳤다. 당시로서는 최선의 방법이었다. 그리고 결론적으로는 가게 문을 닫을 때까지 일을 했다. 하지만 과정이 좋지 못했다. 오픈 초기에는 하고자 하는 의지가 있어 보였는데 오래 가지 않았나 보다. 매출이 예상보다 현저히 낮게 나와 둘째 달에 바로 폐업을 결정했고, 실제로 세 달 차에 매장을 접게 되었는데 폐업을 결정한 이후부터는 심경의 변화가 있는지 나중에는 무단결근까지 잦아졌다.

나중에 알고 보니 굳이 폐업 결정 이후의 문제가 아니었다. 역량이 부족했다. 닭을 100마리 시키면 소스도 100마리 분을 시켜야 하는데, 닭만 시키고 소스는 까먹고 시키지 않는 경우도 허다했다. 메뉴를 잘못 튀기는 등 주문 실수도 잦아 로스 또한 많았다. 아르바이트생을 통해서 들으니 태도 문제가 더 컸다. 실제로 내가 매장에 있을 때만 일하는 척이었고, 없을 때는 포스기에서 돈을 빼서 담배를 사는가 하면, 일이 귀찮을 때는 배달 앱 주문을 꺼 주문이 들어오지 않게 해놓고 그냥 누워 있는 식이었다. 매출에 따른 첫 인센티브 구간이 월 매출 3,000만 원 돌파였는데, 딱 그 구간만 돌파한 3,003만 원이 찍히고 그냥 문을 닫는 경우도 있었다.

첫 달 성적표는 적자 300만 원. 인생 처음으로 겪는 마이너스 매출이었다. 다음 달도, 그리고 또 그다음 달도 적자는 줄어들지 않고 오히려 늘었다. 사실 적자가 문제가 아니었다. 적자가 나니 내 시간과 몸이 매장에 묶여버렸고 이러다 보니 공유오피스 사업에도 영향이 생겼다. 공유오피스 사업 또한 매출이 고꾸라졌다. 스트레스가 너무 커 밥을 먹지 못했고 몸무게가 한 달 만에 90kg에서 63kg까지 빠졌다. 단기간에 너무나 급작스럽게 몸무게가 빠져 처음에는 암에 걸린 줄 알았다. 그만큼 스트레스가 컸다.

사람에 대한 신뢰와 의사결정의 변화

사실 돌아보면 이 시기까지는 의사결정 과정이 단순했다. 사람을 믿는 프로세스 자체가 단순했던 것. 기본적으로 어떤 사람이 어떤 말을 하건 그 말을 100% 신뢰하며 출발했다. 의심은 없었다. 그냥 단순하게 사람을 믿었다. 이 사람을 믿는 프로세스가 이 치킨집 창업 시기 전후로 180도 바뀌었다. 이 짧은 기간 동안 다양한 사람에게서 다양한 방식으로 사람에 대해 실망과 상처를 받았고, 그 과정과 결론을 통해 '사람을 신뢰하는 것'에 있어 큰 깨달음을 얻었다.

사람에 대한 신뢰 관점이 많은 부분 달라졌지만 여전히 같은 것도 있다. 우선 처음에는 있는 그대로 받아들이는 것. 어떤 말이든 처음에는 '거짓말'일 것이라고 생각 자체를 하지 않는다. 100% 신뢰하며 출발하고, 그 이후에는 그 사람의 실제 말과 행동의 같고 다름을 통해 점수를 차감하는 방식이다. 우선 믿고 신뢰하는 이유는 간단하다. 나 자신이 그러니 다른 사람도 마찬가지일 것이라는 가정이 전제다. 그리고 시간이 어느 정도 흐르다 보면 결국에는 말과 행동이 같은지 아니면 말만 그렇게 했던 것인지 알 수가 있다. 말과 행동이 다르다면 그때 판단해도 늦지 않다는 생각이다.

대탐소실? 소탐대실!

오픈하고 정확히 3개월이었다. 2,700만 원, 3,003만 원, 2,800만 원. 목표는 1억 원이었는데 근처에도 가지 못했다. 그렇게 치킨 프랜차이즈가 내 손을 떠났다. 가게를 넘기는 과정도 순탄치 않았다. 아니, 순탄하지 않았다 정도로 표현이 되지 않을 정도로 심각한 상황들이 연이어 발생했다.

두 번째 달부터 '이 방향이 맞는 건가?'라는 생각이 들었고, 두 번째 달 마무리 즘에 지속 가능하지 않은 구조라는 것을 인지하고 바로 폐업을 결정했다. 손해를 보더라도 인수 절차를 밟는 것이 옳은 판단이라 생각했다. 앞서 언급했듯 본업인 공유오피스에도 점점 타격이 커졌다.

인수인계 준비를 했다. 총 투자금액은 1억 원가량. 보증금 포함해서

7,000만 원 정도면 합리적으로 매각할 수 있는 금액이었다. 단 3달 만에 3,000만 원이라는 큰 금액을 날리는 셈이었다. 고생은 고생대로 다 해가며.

또 사람에게 상처받다

그런데 이 또한 생각한 대로 흘러가지 않았다. 어머니를 통해 가족들이 이 상황을 알게 되었다. 매형에게 연락이 왔다.

"처남, 치킨집 내가 하면 안 될까? 내가 잘할 수 있을 것 같은데."

매형은 치킨 브랜드 운영을 하고는 싶었지만, 그만큼의 준비가 되어 있지는 않은 상황이었다. 가족이니까. 평소답지 않은 결정을 내렸다. 이 '가족'이 문제였다.

"벌어서 갚을게. 은행 이자 이상으로 이자까지 잘 쳐서 줄 테니까 걱정하지 마."

4,000만 원에 넘기기로 합의를 했다. 하지만 이 4,000만 원도 인수인계 시에 받는 것이 아닌 금액 모두를 벌어서 갚기로 합의했다. 그렇게 가게를 매형에게 넘겼다. 사실상 공짜로 준 것이나 다름없었다. 아, 공짜도 아니었다. 보증금도 없는 상태였다. 이 보증금까지 내가 빌려줬다. 투

자를 해주면서 넘겨준 꼴이 되었다. 여기서도 끝이 아니다. 첫 한 달 동안은 내가 알고 있는 모든 것을 알려주며 사실상 한 달 내내 일까지 해줬다.

지금이라면 절대로 하지 않을 선택이지만, 당시 스트레스가 극에 달한 상황이라 판단력이 온전하지 않았다. 그저 이 스트레스에서 최대한 빨리 벗어나고 싶었을 뿐이었다. 90kg에서 63kg까지 한 달 만에 27kg 빠지는 것은 의도해도 할 수 없는 수준인데, 이 상황이 스트레스 하나로 가능케 했던 당시였다. 더해서 어찌 됐든 가족이 한다니까 그냥 좋은 마음으로 이런 선택을 내리게 되었다.

좋은 마음으로 가격도 절반 정도로 깎아주고, 이 돈조차도 나중에 벌어서 달라고 했지만, 아직 상상하지 못했던 상황이 남아있었다. 또 한 번 사람에게 큰 상처를 받았다.

그놈에 치기 어린 자존심

물론 중간중간 냉정하게 판단하고 조금 더 일찍 폐업이라는, 아니 계약 전후에도 조금의 손해만 보고 충분히 드롭이 가능했다. 하지만 이미 첫 단추부터 잘못 채워진 상황이었다. 시작 자체가 영업사원과의 만남에서 출발한 허세와 허영이었다. 이미 가족은 물론이고 주변 사람들에게도 떠벌려 놓은 상황이었다. 나는 광고대행사와 공유오피스를 운영하는데 치킨 프랜차이즈까지 새롭게 도전하는 젊은 사업가였다. 도저히 쪽팔려서 드롭할 수 없는 상황이었다. 그리고 여전히 기세등등했다. 지금까지 도전한 모든 일들을 성공적으로 이뤄냈으니, 치킨 프랜차이즈 또한 어느 정도 신경을 쓰면 다시 잘 돌아갈 것이고, 조금의 시간만 흐른다면 여기서도 수익 창출이 가능할 것이라고 생각했다.

사업가 최고의 적, 자존심

치킨 프랜차이즈 실패 이후 많이 바뀌었다. 낙장 불입으로 살다가는 큰일이 날 수 있다는 것을 말 그대로 몸소 체험했다. 어떤 과정이든 중간중간 좋지 않은 신호를 꾸준히 그리고 조금씩 큰 파동을 그리며 주게 되는데 이때만 판단을 잘해도 최악은 피해 갈 수 있다는 것을 배웠다. 이후에도 몇 번이고 '그때 당시로 돌아간다면 어떤 판단을 내렸을까?'라는 질문을 스스로에게 던지고는 하는데 그때마다 내 답은 같다. 인권이가 못하겠다고 이야기를 한 그 시점, 그 시점이 드롭의 시점이었다. 이 사업 운영의 전제는 이 친구가 참여한다는 전제하에 출발했기에 그렇다.

CHAPTER. 14

실패, 실패, 실패

실패가 사업가에게 주는 교훈

치킨 프랜차이즈를 매형에게 넘겨주며 처음에는 '가족이니까' 그리고 '내가 도움을 줄 수 있다면 좋은 거지'라고 자기합리화했다. 나쁜 생각을 하면 끝도 없으니 긍정적으로 생각을 하며 가족을 크게 한 번 도와줬다고 생각하려 애를 썼다.

손해금액 6,000만 원보다 더 큰 사람이 준 상처

하지만 당시 내가 느끼는 본연의 감정은 그게 아니었나 보다. 일반적으로 인수인계 절차를 거쳐 넘겼다면 사실 금액적으로 큰 손해를 보지 않고 넘길 수 있었다. 옳지 못한 결정과 허영, 그리고 실패에 대한 대가로 3,000만 원 정도만 손해를 보며 넘길 수 있었다. 하지만 막상 매형에게 넘기고 나니 실상을 많이 달랐다. 돈이 없다고 하니 가격을 깎아주고, 당장 받는 것도 아니고 벌어서 갚겠다는 제안을 받아들이고, 여기에 보증금까지 빌려주며 계약을 했으니 오히려 내 돈을 써 가며 넘긴 상황이었다.

손해 금액이 3,000만 원 정도에서 두 배 이상인 6,000만 원을 넘겨 버렸다. 설상가상으로 받기로 한 4,000만 원은 시간이 흐르고 흘러도 감감무소식이었다. 중간에 사업자 대출을 받아 4,000만 원 이상의 돈이 생겼음에도 이 돈은 나에게 오지 않았다. 그 돈은 치킨 프랜차이즈 2호점 창업 비용으로 향했다. 그리고 2호점까지 차리니 매출이 조금씩 일기 시작했고 또 돈이 생겼음에도 이번에도 그 돈은 내 차례가 아니었다. 명품을 사고, 해외여행을 다녀오는 것이 먼저였다. 다녀와서는 하는 말이 가관이었다.

"이번 여행에 800만 원이나 썼네. 게임에도 돈을 너무 많이 쓰고."

황당했다. 나한테 큰 빚이 있는 상황인데 어떻게 저렇게 돈을 쓸 수가 있고, 거기서 그치지 않고 어떻게 저렇게 신세한탄하듯이 나한테 말을 하는지 도무지 이해가 가지 않았다. 더는 참을 수가 없어 매형에게 말했다.

"제 돈은 언제 갚을 거예요?"

"주면 되잖아? 언제까지 주면 되는데?!"

'응?!' 기분이 나빠져 오히려 나를 몰아세우는 말투였다. 결국 언제까지 준다는 날도 또 넘어갔고, 또 시간이 흘렀다. 결국 매형은 호언장담한 이자는커녕, 원금도 뭔가 내가 사정해서 받아 가는 것 마냥 이상한 상황을 만들며 갚았다. 이 일을 계기로 의가 완전히 상해버렸고, 이제는 아예 왕래가 없는 사이가 되어버렸다.

친한 친구에게, 사회 친구에게, 그리고 가족에게까지. 섣부르게 도전했던 치킨 프랜차이즈 창업은 이렇게 사람에 대한 큰 상처, 그리고 큰 깨달음을 동시에 주었다.

시설 투자금의 회수

다 정리하고 보니 시설 투자금 회수를 사실상 못한 수준이었다. 치킨 프랜차이즈 창업 과정이 경영에 있어 가장 큰 배움을 준 것은 '시설 투자금'이었다. 나의 전문 분야가 아니거나 충분히 공부가 되지 않는 분야라면 시설 투자금의 과한 투자는 도박에 가까웠다. 이런 업종은 향후 하지 말아야 함을 깨달았다. 돌이켜보면 앞선 광고대행사, 공유오피스와 치킨 프랜차이즈의 가장 큰 차이점 또한 시설 투자금이었다. 광고대행사와 공유오피스는 사실상 작은 사무실과 컴퓨터, 그리고 스마트폰만 있으면 가능한 수준이었다. 치킨 프랜차이즈는? 앞서 본 그대로다. 최소 '억'이다.

실제 큰 실패를 경험하니 이 깨달음은 다음 창업에 곧바로 적용되었다. 후에 '법정 의무교육 콜센터'를 창업했는데, 이 창업의 큰 장점 중 하나가 사실상 전무한 시설 투자금이었다. 기존 운영 중인 공유오피스 사무실을 이용할 수 있었고, 책상과 기타 사무실 세팅 또한 대부분 공유할 수 있었다. 해당 포지션에 맞는 인력만 충원하면 되는 상황이었다. 시작은 경력자 한 명이면 충분했고, 초기 몇 달의 인건비를 생각해도 500만 원 정도의 투자비용이 전부였다. 이렇게 또 한 번 창업을 경험하면서 초기 투자비용과 원금 회수기간에 대한 나름의 노하우가 하나둘씩 생겼고, 동시에 꽤 높은 수준의 학습까지 할 수 있게 되었다. 지금 생각하면 치킨 프랜차이즈 창업 시기, 친구가 말을 바꾸었을 때 드롭 판단을 할 수 있다고 생각할 수도 있지만, 냉정하게 보면 그 당시는 이미 벌려놓은 일에 대해 스스로 드롭할 수 있는 판단력이 없었다. 그 이후의 과정과 경험이 이 판단력을 길러주었다.

20배 차이, 또 하나의 실패 경험

법정 의무교육 콜센터의 시작은 주변 인맥이었다. 친분이 있는 헬스트레이너의 아내분이 법정 의무교육 콜센터 영업 아르바이트를 시작했다고 들었다. 그런데 이 헬스트레이너와 막역한 사이다 보니 꽤 자세히 이야기를 듣게 되었다. 업무 체계와 시스템, 그리고 영업 루트 등을 들어보니 영업 건 당 보상이 상당한 수준이었다. 그리고 아내분은 영업에 역량이 있는 사람이었다. 당시 하루 한 건의 영업 성공은 무조건 달성했다. 하루에 한 건 메이드를 했을 경우 오너가 30~40만 원을 버는 구조였다. 하루에 한 건 하는 사람을 데려오면 월 800만 원가량 순이익이 발생하는 구조였다. 그런데 아이러니하게도 이 영업 능력이 있는 아내분이 당시 아르바이트 비용을 제대로 받지 못하고 있었다. 초기 투자비용도 전무하고, 전반적인 구조가 영업 베이스이기에 이미 나의 전문성의 연속선상에 있었다. 실행하지 않는 것이 오히려 이상했다. 그리고 아내분에게 제안했다.

"시스템을 제가 갖춰 놓을 테니 같이 해보시죠. 저는 알바비 떼먹는 사람 아닙니다."

아내분은 흔쾌히 제안을 받아들였고 또 하나의 사업이 시작되었다. 오픈했는데 기대한 성과가 나오지 않았다. 사람은 그대로였고, 영업 스킬도 변한 것은 없었다. 아내분은 성과를 위해 기존보다 더 열심히 영업을 했다. 놓친 것이 있었다. 외부에서는 알지 못하는, 업계 내부에서만 암암리에 오가는 '영업 DB'가 이 사업의 핵심이었다. 이 데이터를 구하기 위해 여기저기 수소문하며 애써보았지만, 기존 업계에서만 알음알음해 공유되는 정보였기에 외부인이 구할 수는 없었다. 그리고 이 '영업 DB'에 접근할 수 없다는 판단을 한순간 법정 의무교육 콜센터 폐업을 결정했다. 오픈하고 한 달이 조금 지난 시점이었다.

시스템과 프로세스를 살피니 역량 있는 직원을 몇몇 더 고용할 경우 월 5억 원 이상, 최대 10억 원까지 매출을 달성할 수 있었다. 매출을 일으키며 이 돈을 재투자, 그리고 또 재투자를 할 경우 상방은 무한에 가까웠다. 운영 중인 광고대행사와 공유오피스보다 높은 수준이었다. 하지만 이 핑크빛 예상의 전제는 '영업 DB'였다. 앞선 경험이 있기에 사업이 지속 가능한지 따져보았고, 그렇지 못한 판단이 들자 바로 미련 없이 의사결정을 해버렸다. 그리고 아내분은 내가 스카우트를 해온 입장이었기에 다시 한번 제안을 했다. 안정적으로 운영 중인 공유오피스에서의 업무였다. 이 또한 흔쾌히 수락했고, 아내분은 지금까지도 공유오피스에서 근무하고 있다.

같은 창업 실패지만 결과는 크게 달랐다. 치킨 프랜차이즈의 손해는 현금 6,000만 원과 가깝게 지내던 세 명의 사람을 내 인생에서 지운 것. 법정 의무교육 콜센터는 손해는 현금 300만 원이 전부, 오히려 과정을 통해 신뢰할 수 있는 사람 한 명을 얻게 되었다. 손실금액을 1/20으로 줄이고 사람 관계에서도 진일보한 성과가 있었지만 이보다 더 크게 얻은 것은 올바른 손절 경험이다. 사업 스타트에 앞서 기대했던 성과를 달성하기 어렵다고 판단이 드는 지점에서의 올바른 의사결정과 그 실행. 이를 한 번 경험하니 절대로 쉬운 일이 아니었다. 투자와 크게 다르지 않다. 우리는 누구나 투자가 실패 지점으로 향할 시, 이에 대한 안전장치로 손절 지점을 정해 놓는다. 그리고 막상 그 지점까지 향하면 대다수는 손절하지 못한다. 아까워서, 그리고 본전이 생각나서. 이때 손절을 한 사람만이 큰 실패를 경험하지 않는다. 이를 투자가 아닌 사업에서 실제로 행동으로 옮겨보니 투자와는 또 차원이 다른 의사결정이었다.

그리고 이를 한 번 행하니 나는 또 다른 스테이지에 들어서 있었다. 법정 의무교육 콜센터 창업은 너무나도 좋은, 양질의 실패 경험이었다.

껍데기 인생

법정 의무교육 콜센터 창업 이후 추가 수익 창출을 위한 창업에 관심이 많아졌다. 당시 해외 구매대행 사업이 한 유명 유튜버를 통해 알려지며 큰 붐이 일어 해당 분야도 공부해 보았다. 하지만 생각하는 혹은 수익 구조가 좋아 보이지 않았다. 해외 구매대행 사업으로 돈을 버는 것보다 오히려 해외 구매 대행하는 법을 배운 후 해외 구매대행 강의를 하는 게 더 훨씬 수익률이 좋아 보였다. 해외 구매대행으로 1억 원을 벌었다 2억 원을 벌었다 등 이야기가 나돌았는데 정작 '실체가 있는 이야기인가?' 하는 생각이 들었다. 오히려 그 강의로 돈을 더 버는 것이 아닌가 하는 생각과 함께. 그래서 실제로 알아보니 일부 진짜배기를 제외한 대부분의 강연자들이 본질은 없고 강의만 하는 경우가 허다했다. 본인은 실제로 경험하지 않고 이론으로 껍데기만 강의하는 식인 것이다. 일단 가짜 인생을 만들고 강연을 통해 진짜로 바꾸는. 실제 성공 경험이 없으니 껍데기만 강의할 수밖에 없었을 텐데 당시의 '해외 구매대행 열풍'은 이렇게 강연하는 이들이 진짜인지 가짜인지 구분할 시간을 주지 않은 채 무작정 콘텐츠를 소비했다.

잠깐의 일탈, 돈을 쓴다는 의미

공짜 소비, '나도 이제 돈 좀 써도 되겠는데?'

2022년 말, 2020년 8월 공유오피스 사업을 론칭하고 약 1년 반의 시간이 흘렀다. 연봉은 2억 원을 넘고 3억 원 또한 넘어섰다. 회사는 론칭 이후 가파르게 성장 곡선을 그렸고, 연봉 또한 마찬가지였다. 하지만 첫 달 순순익 1,400만 원 만큼의 도파민은 없었다. 이제는 이전에 생각하지 못했던 꽤 높은 수준의 연봉을 받고 있음에도 이에 대한 만족감이나 감흥이 그리 크지 않았다. 엄청난 고가의 제품을 구입하지 않는 한 돈을 쓰더라도 통장 잔고에 변함이 없었고, 체감 또한 되지 않았다. 당시 편의점에서 과자 같은 것을 구입할 때는 사실 '공짜'라는 생각이 들 정도였다. 요즘 SNS에 심심치 않게 등장하는 이재용 회장 관점 일반재 소비 수준과 비슷한 식이었다.

당시 지인과의 대화에서는 우스갯소리로 종종 '공짜 소비'를 말하곤 했는데, 어느 날 친구와 함께 백화점에 갔을 때 재미있는 질문을 받았다. '공짜 소비'의 한계 지점이 궁금했던 친구는 젠틀몬스터 선글라스를 들어 보이며 물었다.

"이것도 공짜야?!"
"이건 공짜까지는 아니지."

웃어넘겼지만 그만큼 당시 소비에 대한 별다른 생각이 없을 정도로 몇 년 만에 퀀텀 점프를 한 시기였다. 수도꼭지를 틀면 물이 나오는 것처럼 돈을 쓰면 자연스레 다음날 그 금액 이상이 입금되어 있었다. 오히려 잔고는 계속 불어났다.

당시 그럼에도 100만 원 이상 물품은 체감이 되었었나 보다. 간혹 100만 원 이상의 무언가 제품이 사고 싶으면 '조금의 야근'으로 등가교환하곤 했다. 당시 문의가 퇴근시간 이후에도 정신없이 오곤 했는데 사실상 쉬는 시간이 아예 없어져 특정 시점 이후에는 6시 이후에는 문의를 받지 않는 원칙을 세웠다. 그런데 무언가 사고 싶을 때는 6시 이후에 오는 전화를 받아 응대를 하며 계약을 따냈다. 전화 2~3통이면 마찬가지로 100만 원 이상의 제품을 구매하더라도 다음날 오히려 통장 잔고가 늘어 있었다.

당시에는 마케팅이 워낙 잘 되어 문의전화만 받으면 돈이 쌓이는 식이었고, 가장 많이 통화를 한 날은 50통 이상의 전화를 하기도 했는데 하루 매출이 1,400만 원이 넘기도 했다. 오전 9시가 딱 되면 전화기는 알람처럼 소리를 냈다. 매일매일이 그랬다. 따로 알람을 맞출 필요가 없었고, 이 문의전화들이 쌓이는 만큼 입금 알람 메시지도 겹겹이 쌓였다.

스포츠카와 명품

이후 서서히 시동을 걸더니 결국 소비욕이 폭발해버렸다. 돈을 물 쓰듯 쓰기 시작했다. 모든 남자의 로망 포르쉐를 계약했고, 실제 인도까지 기간이 오래 걸려 받기 전까지 탈 차까지 추가로 구입했다. 어릴 적부터 남자라면 누구나 꿈에 그리는 '부앙 부앙' 하는 스포츠카를 갈망했는데, 조금의 고민도 없이 의사결정을 했다. 벤츠 S63 중고를 현금 1억 원으로 구매했다. 그간 사고 싶은 모든 것을 구매했다. 차 다음은 명품이었다. 머리부터 발끝까지 모든 것을 명품으로 치장했다. 옷장과 신발장은 온통 명품 천지다. 먹고 싶은 것도 가격은 고민의 기준이 아니었다. 킹크랩, 대하구이 등 먹고 싶은 요리는 가격을 보지 않고 이 외에도 시켜 먹었다. 여기에 사실상 무의식적으로 신경을 아예 쓰지 않고 구매하는 쿠팡 구매내역을 보니 1년에 2,000만 원 넘게 구매를 했다. 홀로 소비를 즐기지는 않았다. 여자친구한테 용돈을 주기 시작했고, 한 번씩 어머니 집에 갈 때는 밥 차려주시면 밥값으로 100만 원씩 용돈 드리고,

TV나 냉장고 등 가전제품 바꾸시라고 500만 원씩 드렸다. 외에도 도움을 줬던 가까운 지인들에게는 많이 베풀었다.

하지만 과소비는 오래가지 않았다. 돈을 쓰는 재미는 생각만큼 재미가 있었다. 하지만 그보다 더 중요한 것이 있다는 것의 인지와 이전과는 다른 수준의 인내가 바탕이 되었다. 시기가 언제가 되었든 한 번쯤은 이런 시기가 있어야 할 것이라고 생각은 하지만 겪어보니 후회가 되는 것은 사실이다. '미래를 대비해 조금은 아껴서 쓸걸. 재테크에도 미리 신경을 좀 쓸걸' 이라는 생각이 들었다. 하지만 그래서 또 소비에 대한 원칙을 명확히 할 수도 있었다. 욕심에 의한 소비는 이제 현저히 줄어 사실상 소비를 하지 않는 수준이다. 다만 여전히 큰 소비를 한다. PT, 피부관리 등 나 자신에 대한 투자는 아끼지 않는다. 지금 출간을 위한 이 원고 작업에도 적지 않은 금액을 투자하는 것 또한 같은 맥락이다.

가짜 인생은 이제 안녕

앞에서 보았듯 공유오피스 창업 2년 차에 광고대행사와 공유오피스 모두 안정궤도에 올랐다. 이제는 제법 벌이가 되었다. 위에 소개한 소비가 극심했던 당시에 여자친구는 커진 내 씀씀이에 "오빠, 이 정도 쓰면 한 달에 한 2억 원은 벌겠네"라고 물었을 정도였다. 씀씀이는 커졌지만 허영은 없었다. "아니, 한 달에 3,000만 원밖에 못 벌어. 3,000만 원 버는데 3,000만 원 쓰는 거야." 예전 같으면 한껏 부풀려 말했을 테지만 그럴 필요가 없었다. 있는 그대로 말했다. "생각만큼 벌어서 나도 한 번 써보는 거야"라고 당시 느낀 그대로를 전했다.

적어도 이제는 하고 있는 분야에 대한 자신감과 확신이 있었다. '전설의 라이더' 시절에 도로 위 모든 신호등과 교통 시스템이 머릿속에 그려졌다면, 이제는 광고대행사와 공유오피스의 매출 방향성과 마케팅에 따른 전환율, 그리고 순이익까지 머릿속에 자연스레 그려졌다. 여기에 관심이 가는 새로운 사업 분야에 대한 성공 확률 또한 그려지기 시작했다. 첫 번째, 나의 경험 유무, 두 번째, 나의 인볼브 정도, 세 번째, 투자 자금의 규모, 네 번째, 역량 있는 실무진의 채용 가능성 등 다양한 관점과 분석 데이터가 뒤섞여 내가 지금 이 특정 분야에 도전을 해도 되는지, 아니면 아직 그 시기가 아닌지, 이것도 아니라면 이 분야는 나와 아예 맞지 않는지를 결론지어 주었다.

실패 X 도전

인생의 생장점

치킨 프랜차이즈 실패 경험은 나를 인생 최악의 상황까지 끌어내렸지만, 동시에 가장 높은 곳을 바라볼 수 있는 관점을 가져다준 시기이기도 했다. 식물을 자세히 살펴보면 대가 자라는 지점에 잎이 나는 생장점이 있다. 이 생장점을 기준으로 보통은 조금씩 가늘어지기 마련이다. 그런데 간혹 더 굵게, 그리고 더 크고 길게, 더 많은 가지를 치며 자라는 경우가 있다. 나는 치킨 프랜차이즈 창업이 내 인생의 생장점이라 생각했고, 이 생장점 또한 일반적인 생장점이 아닌 더 굵고 크며 긴 잎의 탄생을 알리는 시점으로 보고 있다.

경험이 없는 분야와 투자 비용이 큰 산업은 이제 내 창업 목록 리스트에서 자취를 감췄다. 물론 어느 분야나 경험이 없더라도, 투자 비용이 크더라도 소위 갈아 넣는다면 대박이 나는 경우도 있다. 하지만 결국은 확률, 그리고 리스크 싸움이다. 성공 확률이 50%인 것과 10%인 것은 기본적으로 트라이해 볼 수 있는 횟수와 질에서 차이가 난다. 그리고 이 성공 확률은 준비에서 나온다. 만약 치킨 프랜차이즈를 오픈했을 때, 기존 운영하는 사업체가 없었다면, 내가 시간에 묶이지 않았다면 충분히 확률을 높일 수 있었다. 그렇다면 매니저를 둘 필요 없이 내가 직접 하면 되었고, 이럴 경우 가장 큰 변수가 사라지기에 확률은 기하급수적으로 올라갔을 것이다. 이 가정이라면 충분히 좋은 결과를 냈을 것이라고 지금도 생각한다. 하지만 이러기 위해서는 앞에서 보았던 퇴사를 위한 입사의 치킨 프랜차이즈 버전이 있었어야 했을 것이다. 왜냐하면, 결국 사업 운영의 핵심은 시스템과 프로세스다. 이를 디테일하게 잡지 않으면 시간과 돈은 배 이상으로 들고 만다.

뒤통수 방지 시스템

이 시기에도 성공 확률이 높게 결론지어진 사례는 많았다. 당시 한 친구가 있었는데 어느 날 찾아왔다. 자신의 형이 과천에 치킨 브랜드를 오픈했는데 그 주변에 배달대행업체가 하나도 없다는 것이었다.

"대부분 과천 옆 동네에서 배달 오토바이들이 넘어와 배달 대행 사업하면 대박 날 것 같아. 네가 투자 좀 해주면 내가 한 번 해보고 싶은데, 어때?"

이렇게 시장 상황을 파악하고 오히려 역제안을 해주니 나로서는 반가웠다. 이미 오랜 배달 경험이 있었고, 경험이 있기에 해당 분야 프로세스와 시스템은 이미 완벽하게 꿰고 있었다. 초기 투자금 또한 합리적이었다. 작은 사무실과 오토바이 몇 대면 가능했다. 그리고 어찌 보면 경험해 보니 가장 큰 부분이었던 '역량 있는 인재' 부분, 이 또한 먼저 시장을 파악하고 제안한 신뢰 있는 친구가 있기에 문제없었다.

이래도 되나 싶을 정도로 해당 분야 시스템과 초기 투자금, 그리고 역량 있는 실무진까지 모든 부분이, 3박자가 딱딱 맞아떨어졌다. 치킨 프랜차이즈 때라면 이 상태에서 바로 사무실 계약에 들어갔을 것이다. 하지만 이미 뼈아픈 경험이 있기에 안전에 안전을 또 기했다. 며칠이 흐른 뒤 친구에게 다시 한번 확인을 했다.

"좋아, 네 제안 받아들일게. 내가 확실히 밀어줄게. 퇴사해."

하지만 이해할 수 없게도 친구의 선택은 퇴사가 아니었다. 마약과 같은 월급의 달콤함을 떨쳐낼 수 없었나 보다.

"미안하다. 퇴사 못 할 것 같아."

이 한 마디가 전부였다.

반복하지만 치킨 프랜차이즈 창업 때라면 친구의 공백이 확정되었더라도 그대로 밀어붙였을 것이다. 나머지 부분이 꽤 매력적이었기에. 하지만 동시에 '사람'이라는 리스크가 존재한다는 것을 이때는 확실히 알았다. 사람은 꽤 큰 변수였다. 리스크를 내가 안을 필요는 없었다. 이때부터 소위 나는 '뒤통수 방지 시스템'을 구축했다. 그 누구에게도 뒤통수를 맞을 수 없는 시스템이 공고하게 구축되었다.

방공망 같은 '뒤통수 방지 시스템'

얼마 후 또 반가운 제안이 왔다. 한 친구가 있는데 이 친구의 와이프가 식품 유통 회사에 근무하고 있었다. 각 지역의 학교 급식실에 식자재를 납품하는 회사였는데 경쟁입찰을 통해 낙찰을 받고 납품하는 시스템이었다. 그런데 이 친구의 와이프가 오랜 경력을 통해 이미 인프라를 구축해 놓은 상태라 독립한다면 꽤 괜찮은 수익구조일 것이라고 말했다. 실제로 프로세스와 시스템 등 자세히 이야기를 들어보니 영양사들과의 친분이 꽤 큰 강점이었고 독립을 해서도 충분히 낙찰이 가능한 정도의 위치였다. 이미 친분을 통해 오픈만 한다면 처음부터 안정적으로 업체를 구축할 수 있는 상황이었다. 시장 상황에 대한 파악과 실무진은 이미 해결이 된 상황이었고, 창업 비용 또한 사무실만 있으면 되는 수준이었다. 창업 성공률 계산기를 돌려보니 85% 수준이었다. 딱 한자리, 매니징 할 인력만 남아있었다. 이번에도 친구에게 제안했다.

"내가 전적으로 밀어주고 서포트할게. 네가 퇴사해."

이번에도 뒤통수 방지 시스템은 퇴사에서 발동했다. 친구는 그만큼의 확신 혹은 용기가 없어 보였다. 먼저 이야기를 꺼내고도 먼저 포기를 했다. 이번에도 문제는 월급이었다. 월급은 그만큼 안정적이었다. 쉽게 포기할 수 있는 것이 아니었다.

리스크 관리가 만들어낸 '로또 당첨'

뼈아픈 실패를 경험한 이후 가장 크게 바뀐 것이 있다면 언제나 '제로베이스'를 염두에 두는 것이다. 부끄러운 이야기지만 그전에는 세금도 생각하지 않고 그냥 다 써버렸다. 그리고 세금 납부해야 하는 달이 오면 조금 더 타이트하게 벌어서 납부하는 식이었다. 치킨 브랜드를 하고 달라진 것은 지속가능성에 관한 부분이었다. 현재 소득이 사라진다면 나는 다시 그저 평범한 한 인간이 된다는 것을 깨달았다. 다시 맨몸으로 맨땅에 헤딩하는 시기로 돌아가야 했다. 그래서 준비와 대비를 해야 함을 몸소 깨달았고, 치킨 브랜드 실패 이후 사업 운영에 있어서는 리스크 관리가 가장 중요한 요소로 자리 잡았다. 아무것도 남아있지 않을 시기를 대비하면서 살 수 있게 되었다.

다행히 치킨 브랜드 창업과 동시에 하향세를 그리던 공유오피스 사업은 폐업을 결정하고 선택과 집중을 잘할 수 있게 되면서 다시 안정적인 궤도에 오르게 되었다. 이제 계좌는 매월 엄청나게 벌고, 또 엄청나게 쓰며 온탕과 냉탕을 오가지 않았다. 꽤 빠른 속도로 큰 금액이 늘어나며 우상향했다. 치킨 브랜드 폐업을 하니 이렇게 저렇게 모아놓았던 돈이 모두 빠져나가 통장에 돈이 없었는데 다시 공유오피스에 몰두하며 매달 1,000만 원이 넘는 금액을 저축했다. 이 당시에는 매월 말일에 통장 잔고의 스크린샷을 찍는 것이 일종의 놀이였다. 그렇게 뿌듯함과 통장의 숫자를 함께 쌓아갔다. 이렇게 하다보니 불과 몇 개월 만에 통장 잔고는 일반 직장인 연봉을 훨씬 뛰어넘는 금액을 돌파했고, 이후에는 이 금액들이 쌓여 유명 유튜버나 로또 당첨이 부럽지 않은 통장 잔고를 볼 수 있었다.

이렇게 통장 잔고가 늘어나며 조금 더 이율이 혹은 수익률이 좋은 곳에 투자를 해볼까? 도 생각해 보았는데 바로 다시 초심을 다잡았다. 리스크가 큰 액션은 하지 않는다가 철칙이 되었고 위험성이 있는, 내가 모르는 분야에는 아예 접근을 하지 않았다. 모르는 것은 하지 않았다. 우선은 그저 현금으로 모아갔다. 직접 공부를 하거나, 전문가를 고용하거나, 내가 확실히 아는 분야가 생기는 등 확신이 생기는 시기에 투자 방향을 전환하는 것으로 계획을 세웠다. 그리고 지난해인 2023년 꽤 오랜 기간의 공부와 학습을 통해 확신이 생긴 투자처를 알게 되었고 오랜 기간 동안 약 10번의 분할매수를 통해 투자 중에 있다. 과거에 투자를 많이 접하거나 다양한 방식으로 투자 경험이 있는 것은 아니지만, 투자에 있어서도 보수적으로 리스크를 최대한 줄여가는 방식을 택했다.

육식동물의 사냥은 도전 또 도전

이 즈음해서 성향에 대해 많은 생각과 고민을 하게 되었다. 기회가 있을 때 잡을 수 있는 사람과 겁에 사로잡혀 못 잡는 사람이 명확히 나뉜다는 생각이 들었다. 급식실 납품 사업의 경우 초기에 이야기했던 정도의 영업기반만 있어도 상방은 무한에 가까웠다. 적어도 억 단위 연봉자 리스트에는 들며 시작할 수 있는 상황이었다.

사업가들은 육식동물, 그중에서도 맹수다. 포식자다. 직장인은 초식동물이다. 초식동물은 한 번 안정적인 먹거리를 찾으면 특별한 경우가 아니라면 해당 지역을 떠나지 않는다. 그저 조금 더 많은 풀이 있는 쪽을 따라 자신들이 인지하지 못할 정도의 속도로 조금씩 이동할 뿐이다. 간단히 말하면 눈 앞에 가만히 널려 있는 풀을 먹으며 살 뿐이다.

육식동물은 다르다. 언제나 챌린지다. 새로운 도전을 하지 않는 육식동물의 최후는 배고픔과 죽음뿐이다. 육식동물의 먹이인 초식동물의 움직임은 저마다 다르다. 그에 따른 사냥 법도 모두 다르다. 각각의 맞는 상황에 대응해야만 사냥 확률을 높일 수 있다는 이야기다. 어느 초식동물은 빠르지만 오래 못 달리고, 또 어느 초식동물은 비교적 느리지만 오래 달린다. 후자의 초식동물을 사냥할 때 초반부에 모든 힘을 쏟는다면 사냥을 실패할 확률이 높아진다. 그래서 사냥에 앞서 목표를 설정하고, 그 목표에 맞는 사냥법을 적용하며, 이를 계획대로 이행하며 중간중간 변수에 맞선다.

아프리카 초원에서는 사자와 얼룩말의 생존 싸움이 자주 연출된다. 대부분 사자의 승리로 귀결되지만 간혹 그와 반대되는 결과도 나온다

얼룩말의 뒤차기에 사자가 타격을 입은 경우다. 얼룩말의 경우 회복이 가능한 정도의 부상이라면 풀을 뜯으며 회복할 수 있는 시간이 주어진다. 사자는 아니다. 얼룩말의 뒤차기에 다리 등에 타격을 당한다면 사냥 자체가 불가해진다. 동료 사자가 먹이를 나누어주지 않는 이상, 이 사자는 굶어죽을 확률이 높다.

육식동물은 태어날 때부터 리스크를 짊어진 삶을 사는 것과 다름없다. 매번 새로운 도전을 해야 하고, 이 도전은 꽤 높은 확률로 성공해야 삶을 영위할 수 있다. 아직 미천한 경험이지만 지금까지의 경험이 내게 선물한 관점이다. 사업가는 먹고살려면 언제나 도전해야 한다. 도전하지 않는 사업가에게 만족할 만한 월급이 부여되는 경우는 단연코 없다. 직장인은 다르다. 초기 입사라는 허들만 넘는다면, 이들의 삶은 큰 실수만 없다면 먹고사는데 지장은 없다. 하지만 동시에 만족할 만한 수준 또한 제공하지 않는 것이 명백한 사실이다. '안정감과 만족감'은 공존할 수 없다. 리스크와 치열하게 싸운 도전의 시간만이 안정감과 만족감을 동시에 충족해 줄 뿐이다.

CHAPTER. 15

넥스트 스테이지

미네랄 캐는 방법

'스타크래프트'라는 게임에는 일꾼이라 불리는 SCV라는 캐릭터가 있다. 게임 내 빌드 업을 위한 미네랄, 즉 현실 사회에서의 돈을 캐는 것이 이 캐릭터의 역할이다. 게임 초반, SCV는 미네랄을 캐고 또 캔다. 10분이 넘도록 같은 일만을 반복한다. 돈은 계속 들어온다. 그런데 어느 순간이 되면 미네랄이 '뿅' 하고 사라진다. 광고대행사와 공유오피스를 하며 처음 안정권에 들었던 시절, 나는 미네랄의 잔량을 알지 못했다. 그저 계속 SCV를 뽑아 미네랄만 캐면 영원히 일정 수준 이상의, 내가 만족할 만한 돈이 무한정 생산된다고 생각했다. 물론 다들 알겠지만, 아니었다. 미네랄은 어느 순간 흔적 없이 사라졌고, 나는 더 이상 여타의 전략을 위한 건물을, 그리고 공격과 방어를 위한 캐릭터를 생산하지 못했다. 전력의 열세에 놓인 나는 상대방의 허점을 노린 공격에 무참히 무너졌다.

지금은 미네랄의 잔량을 보는 눈이 어느 정도 생겼다. 적어도 굶어 죽지 않을 정도의 수준이다. 지금 이 책을 쓰는 이유도 같은 맥락이다. 스타크래프트에서도 상위에 속하는 프로게이머들은 한 수, 혹은 두 수, 세 수 앞을 내다보며 게임을 진행한다. 미네랄만 계속 캐지 않고, 앞마당도 먹고, 상대방이 예상하지 못한 지역에 멀티를 돌리기도 한다. 당장 눈앞에 있는, 가까운 미네랄을 먹는 것이 이득이고 안정적일 텐데도 굳이 모험을 하며 검은색으로 처리되어 한 치 앞이 보이지 않는 미지의 곳으로 정찰을 보내며 새로운 먹거리를 찾아 나선다. 그리고 이 새로운 모험이 모닥불의 불씨를 살려가며 자리를 잡고, 방어 체계를 구축하고, 본격적으로 미네랄을 캐기 시작하면 전세는 갑자기 내 쪽으로 급격히 기운다. 상대방의 배 이상의 풍족한 자금 상황을 이용해 게임을 내 통제 영역으로 만들어버린다.

대부분의 게임 초보들은 본진의 미네랄만 캐며 경기를 진행한다. 왜? 가장 빨리 부자가 되는 방법이기에 그렇다. 그리고 운이 좋을 경우에만 승리를 한다. 게임을 거듭할수록 멀티를 먼저 도전하고 정착시키는 유저가 승률이 높아진다. 본진 미네랄만으로는 지속적으로 승리할 수 없다. 자명한 사실이다. 당장의 미네랄을 포기하고 시간과 함께 기회비용이라는 돈까지 투자한 유저는 모험에서 변수를 조금씩 제거하는 방법을 알아내고 조금씩 조금씩 승률을 높여간다.

게임 시작과 함께 검게 칠해진 맵은 한 치 앞도 보이지 않는 것이 우리 인생과 너무나 닮아 있다. 어디 적이 숨어 있을까, 그리고 또 어디에 내 먹거리가 있을까. 안전을 담보하지 않는 이 맵에 우리는 그저 두려움만 갖는다. 불안하기만 하다. 도전을 압도적으로 많이 한 프로게이머의 눈에는 검은 맵도 눈에 훤히 보이는 맵이 되어 버린다.

꾸준한 성장, 연봉 2억 - 3억 - 10억

쇼핑 광고 - 제휴 광고 - 고객 맞춤 광고

치킨 프랜차이즈 실패는 큰 전환점이 되었다. 길다면 길고 짧다면 짧은 창업 전후 약 6개월의 시간은 인생에서 가장 긴 시간이었고 동시에 가장 힘든 시간이었다. 하지만 인생 바닥 경험은 자연스레 넥스트 스테이지를 선물했다. 치킨 브랜드와 병행할 때 내리막길을 걷던 공유오피스의 변화가 드라마틱 했다. 다시 한번 올인이었다. 할 수 있는 모든 것을 해보자 마음먹었고, 하나둘씩 클리어해 나갔다. 시작은 기본적으로 꾸준히 해왔던 쇼핑 광고. 경험치를 온전히 녹였다. 대부분의 키워드가 1등 페이지에 올랐다. 그리고 앞서 언급했던 것처럼 쇼핑 광고를 밥 먹듯 하다 보니 자연스레 '넥스트'에 대해 고민하게 되었고, 어느 순간부터 '제휴 마케팅'이 눈에 들어왔다. 사실상 모든 시간을 일만 하며 갉아넣다 보니 성과가 나오기는 하나 그 안에서도 불필요한 노동력이 너무 많이 들어간다는 생각이 들었다. 제휴 마케팅 테스트 기간과 최적화 기간을 거치며 쇼핑 광고를 줄였고, 2년 차에 접어들면서는 쇼핑 광고를 아예 없애버리고 그 자리를 제휴 마케팅으로 모두 대체했다. 그리고 이 선택은 옳았다. 후에 새로운 마케팅이 프로세스가 계속 등장하고 개선되며 지속적인 실험이 있었지만 약 3년간은 '제휴 마케팅'이 전체 마케팅 프로세스의 든든한 기반이 되어주며 매출과 성과를 이끌었다.

1년차 - 쇼핑 광고 최적화

창업 후 1년 차 시기에는 쇼핑 키워드 광고의 무한 반복이었다. 메인 키워드부터 가장 하위의 세부 키워드까지 디테일하게 계속 수정하며 AB 테스트를 진행했다. 수치가 변하는 지점을 분석하고 또 분석했다. 키워드도 키워드지만 디자인과 메인 문구가 더 중요한 요소였다. 수치의 변화가 생기면 작은 디테일까지 신경쓰며 수정했고 디자인과 메인 문구의 개선점 또한 지속적으로 보완했다. 커뮤니티에 밈처럼 자주 등장하는 최종안, 진짜최종안, 진짜마지막최종안, 진짜찐마지막최종안으로는 부족했다. 1안에서 시작한 디자인 시안은 두 자릿수를 넘는 게 예삿일이었다. 당시는 AB 테스트가 하루 일과였고, 매출의 트리거 지점이었으며, 밥을 먹을 때도, 잘 때도 온통 디자인 시안과 마케팅 문구만이 머릿속을 가득 채웠다. 그 결과 수치가 조금씩 조금씩 상승했고 1%씩 쌓이며 최적화에 근접했다. 광고대행사에서의 경험은 알짜배기였다. 그 안에서도 홀로 나만의 프로세스를 만들려고 했던 시간과 노력, 그리고 당시 업체 사장님들과 브랜드들을 대상으로 고민하고 공부했던 기간이 내 브랜드에서 서서히 빛을 보고 있었다.

고객의 소리와 월급의 상관관계

쇼핑 광고에서 제휴 마케팅으로 전환하며 매출이 급상승했고, 이 매출만큼이나 드라마틱 하게 나의 실무 참여 시간 또한 적어졌다. 또 궁리에 궁리를 했다. 최근 들어 상담전화에서 유사한 문의가 많아졌음을 느꼈다. 공유오피스의 대부분의 고객들은 이제 막 창업을 시작했거나 사업자를 추가하는 사장님들. 지금 와서 생각해 보니 이들의 궁금증은 너무나도 당연했다. 어느 날부터 세법과 법률 등과 같이 세무지식에 관한 물음이 꼬리에 꼬리를 물었다. 처음에는 과세와 면세 처리에 대한 구분 혹은 간단한 세금 처리 등에 관한 질문이었다. 내가 알고 있는 선에서, 그리고 조금씩 공부를 하며 답변을 이어갔다. 하지만 시간이 흐르면 흐를수록 내가 답변할 수 있는 범주를 벗어났다. 예를 들면 "내용증명을 받았는데 어떻게 해야 하나요?"와 같은 식이었다. 하지만 이 또한 내가 할 수 있는 부분까지는 노력을 했다. 물론 '이런 걸 왜 나한테 물어보지'라는 생각을 할 수도 있었지만 어찌 됐든 고객의 니즈를 충족하고 싶었다. 법제처에 들어가 찾아본 후 "제 몇 조 몇 항에 의거해서 이런 거고, 세법은 조세특례법 제6조의 몇 항에 의거해 사장님은 종합소득세를 50% 감면받을 수 있는데, 이걸 놓친 것 같으니 신청해서 50% 돌려받으시면 됩니다"와 같이 답변을 해줬다.

사실 엄밀히 말하면 업무 영역은 아니었다. 하지만 이 업무 외적인 부분에서 마케팅 트리거 포인트를 찾게 되었다. 고객 물음에 계속해서 이것저것 찾고 공부하다 보니 오히려 이 부분이 '영업의 핵심'이라는 생각에 도달하게 되었다. 초보 사장님들의 경우 사실상 세무 지식이 전무했고, 이 부분을 전문적으로 케어 받을 수 있는 곳도 존재하지 않았다. 이 지점이었다. 유일하게 내가, 그리고 우리 브랜드만이 할 수 있는 부분이었다. 그리고 이제는 고객 물음에 대한 답변이 아닌, 보다 전문적인 지식을 위해 공부하고 또 공부했다. 그 결과 전문가 수준은 아니지만 초보 사장님들이 궁금해할 부분에 대한 지식은 어느 정도 인지할 수 있게 되었다. 공부하니 시야는 확실히 달라졌다. 초보 사업가들이 세금 감면을 받을 수 있는 다양한 혜택이 엄청나게 많았다. 이제는 고객들이 묻지 않아도 먼저 해당하는 혜택과 세무지식을 알려주었다.

고객의 소리에 귀를 기울이니 내 월급이 달라졌다. 그것도 드라마틱하게. 당시를 떠올려보면 세무지식에 대해서도 엄청난 반복을 해서인지 전화가 오면 "여보세요"의 톤만 들어도 어떤 부분에 대한 궁금증이 있을지, 그리고 세금 혜택을 받을 수 있는지 아닌지도 대략적으로 알 수 있을 정도였다. 돌아보면 나의 일을 대하는 태도와 업무 프로세스는 달라진 것이 없었다. 배달 일을 할 때도 미술 일을 할 때도 언제나 주어진 값어치 이상을 하려 애썼다. 10만 원이 일당이면 15만 원치를 했고, 당일 할당량을 채우고 쉴 수 있음에도 꾀부리지 않고 일했다. 그러다 보면 새로운 시야와 관점이 생겼고, 이 새로운 시야와 관점의 결론은 언제나 해답에 가까웠던 것 같다. 첫 달 순수익 1,400만 원으로 시작된 공유오피스 사업은 이렇게 또 새로운 스테이지에 들어섰다.

업계 트렌드를 바꾼 고객 맞춤형 마케팅

이제는 자격증만 없지 사실상 세무사 역할까지 하는 정도였다. 당시 수요는 이미 폭발하고 있었다. 하지만 강남점에서만 집중적으로 이뤄지고 있었다. 강남점 매출이 수직 상승한 것은 긍정적인 일이었지만 다른 지점과의 격차가 점점 더 커졌다. 다른 지점의 매출이 고민이었다.

“2022년 초, 1분기부터 세액 감면 정책이 경기도권을 중심으로 시작되고 있어요.”

어느 날 고객에게 설명한 한마디가 머리를 ‘탕’ 하고 쳤다. 고객들에게는 혜택을 받을 수 있는 다양한 정보를 제공하면서 정작 우리 브랜드에는 적용하지 않고 있었다. 지금도 그렇지만 당시에는 파주, 용인, 안산 등 경기도 거점 도시나 동탄, 송도 등 신도시에 세액감면 혜택이 더 컸다. 물리적 거리의 제약을 받지 않는 ‘공유오피스’라는 업 특성에도 잘 들어맞는 지점이었다. 꼭 서울, 그중에서도 꼭 강남이어야만 하는 사업자만 아니라면 세액감면 혜택은 그만큼 매력적이었다. 이때부터 메인 마케팅 주제를 ‘세액 감면 혜택’로 변경했고, 키워드와 문구 또한 전부 수정했다.

포인트는 당연히 '돈'이었다.

'지방이라 강남보다 월세도 저렴한데 세액 감면까지 받는다.'

이 문구에 현혹되지 않을 사장님은 없었다. 그리고, 또 한 번 매출이 폭발했다. 경기도권 지점들은 강남점을 따라 키 맞추기 매출 경쟁을 하며 상승 또 상승했다. 3년 전만 해도 비상주 사무실을 찾을 때는 강남이 대다수였지만 요즘에는 세액감면이 되는 파주, 용인, 안산 등을 많이 찾는데 이런 수요와 기조를 내가 만든 것이다. 비상주 사무실의 수요 자체가 강남에서 지방으로 바뀐 지점이었다. 그리고 또다시 경쟁업체들은 이 마케팅을 따라 하기 바빴다.

2년차, 고객 맞춤형의 방점 '제휴 마케팅'

1년 차에 쇼핑 광고 최적화에 세무 지식에 대한 응대, 그리고 지방으로의 수요 전환까지 일으키며 매출이 쭉 올랐다. 업계 내 위치도 어느 정도 공고해지기 시작했다. 첫 달 1,400만 원, 두 번째 달 2,000만 원 돌파, 그리고도 상승은 꺾일 줄 몰랐다. 그리고 2년 차에 들어섰다. 높아진 만큼이니 세법 정보 또한 많이 쌓였다. 세무에 대한 지식이 쌓이니 자연스레 또 궁리를 했다. 현재는 이미 잡은 물고기인, 그러니까 내부 고객이 대상이었다. 계약을 고민하는 고객의 마음에 방점을 찍고, 기존 고객의 만족도를 높이고, 재계약까지 이끄는. 이제는 외부 고객으로, 즉 외연 확장을 할 필요가 있었다. 당시는 지금처럼 유튜브 플랫폼이 폭발적이지는 않았는데 '부자 되는 콘텐츠'만은 카테고리가 일찍이 형성되며 어느 정도 영향력을 행사하고 있었다. 소위 '돈'에 대한 콘텐츠는 주제를 막론하고 인기가 있었다. 당시 '돈 버는 방법'을 소개하는 유튜버에게 직접 제안 메일을 보내 콘택트했고, 제휴 마케팅을 진행했다. 영향력 있는 인플루언서와 협업해 콘텐츠를 제작한 것. 내가 깨달은 세금 감면 지식을 알려주며 우리 브랜드를 노출시키는 형태였다.

예상이 딱 들어맞았다. 아니, 그 이상이었다. 케미스트리와 당시의 니즈가 딱 맞아떨어지면서 엄청난 파급력이 생겼다. 월 매출의 앞자리가 바뀌며 또 한 번 새로운 스테이지를 맞았다. 파급력은 예상을 훨씬 뛰어넘는 정도였다. 해당 콘텐츠를 따라 하는 유튜버들이 우후죽순처럼 늘어나며 동종업계에 카피캣들이 대거 등장했다. 하지만 이미 경쟁업체들보다 꽤 앞서나간 상황이었다. 영향력 있는 유튜버들은 이미 선점한 상태였고, 이 안정적인 레퍼런스는 제휴 마케팅의 수를 늘리는데도 압도적인 영향력을 행사했다.

제휴 마케팅을 하면서도 앞선 실패의 배움이 고스란히 녹아들었다. 초기 투자비용? 없었다. 계약금? 없었다. 광고비용? 없었다. 리스크는 제로를 수렴했다. 내가 한 것은 그들의 니즈를 충분히, 그리고 쉽게 설명한 제안서 작성뿐이었다. 제안서를 확인하고 긍정적인 피드백을 준 유튜버들은 해당 링크를 통해 계약한 매출의 10%를 가져가는데 합의

했다. 여기에 일정 수준 이상을 달성할 경우 15%, 나아가 20%까지 개런티를 높이며 동기부여를 했다. 유튜버 광고의 경우 업계 관행처럼 계약금을 비롯한 여타의 항목들이 있었지만 나는 처음부터 이 부분을 명확히 명시했다. 이미 한 분야에서 어느 정도 성과를 낸 이들이기에 사업성을 보는 눈이 있는, 셈이 빠른 이들이 충분히 있을 것으로 생각했고, 이에 동의한 유튜버들만 계약을 진행했다. 조금 더 영향력을 가진 유튜버라해도 이 부분에서 이견이 있다면 굳이 바짓가랑이를 붙잡지 않았다. 이렇게 철저하게 리스크 관리를 했다.

유튜버들과의 제휴 마케팅은 폭발적이었다. 하지만 이보다 더 긍정적인 지점이 있었다. 이 전략은 꽤나 안정적이었고, 그리고 무엇보다 꾸준했다. 리스크가 없다시피 하다 보니 운신의 폭이 넓어져 경기가 좋지 않을 때도 타격이 덜했다. 아직까지도 제휴 마케팅이 가장 큰 부분을 차지하고 있는 이유이기도 하다.

다음을 위한 도전 도전 도전, 작가와 낭만까지

나의 목표를 이룰 수 있게 해준 가장 큰 가치

최근 지인과 러닝을 주제로 대화를 나눴다. 매체에서도, SNS에서도 이미 대중화 이상 널리 퍼져 그런지 평소 헬스만 해온 나도 관심이 생겼다. 지인과 이야기를 나누고 한 번 같이 뛰어보자고 대화를 마무리 지었다. 이 대화를 나눈 지 2주 정도가 지난 시점. 나는 이미 대화를 나눈 당일 집 앞 공원에 나가 바로 뛰어보았다. 많이들 해 건강을 유지하는구나 싶었고, 그래서 관심이 생겼고, 생각을 바로 행동으로 옮겼다. 어디서, 어떤 복장으로, 어떤 신발을 신고, 누구와, 얼마나 등의 고민 없이 '그냥' 뛰었다.

나와 이야기 나눈 지인은 아직 해보기 전이다. 그는 어떤 크루에 들어가야 할지, 어디에 나가서 뛰어야 할지, 어떤 옷을 입고, 어떤 신발을 사야 하고 등 정해야 하는 계획과 갖춰야 할 장비 등이 너무나 많았다. 그래서 이를 먼저 해결해야 하기에, 정작 가장 중요한 실행은 아직이다.

한 번 뛰어보니 10년 이상 꾸준히 헬스를 해왔음에도 전혀 다른 운동이었다. 1.5km 뛰었음에도 숨이 차올랐다. 다른 방식으로의 운동 전환과 루틴에 일주일에 한 번 러닝으로 의사결정을 했다. 앞으로 뛰어보며 꾸준히 할 경우 앞에서 언급했던 부수적인 고민들을 해보고 해결할 생각이다.

앞에서 다룬 '법정의무교육사업' 때도 마찬가지였다. 사업으로서 리스크가 적고, 해볼 만한 가치가 있다고 판단이 든 이후에는 최소한의 세팅만 하고 바로 실행에 보았다. 그 달에 사업자를 내고 그 달에 바로 사무실까지 차렸다. 최소한의 리스크였기에 이를 감당 가능했다. 실패해도 얻는 것이 더 많았다. 이런 '실행력'의 결과물들이 지금의 상황을 만들어주었다.

사실 다양한 사람들을 만나다 보면 답답한 경우가 많았다. '이걸 왜 안 하지? 그냥 하면 되는데'라는 생각만이 머릿속을 돌고 돌았다. SNS에 심심치 않게 등장하는 유명 스타 강사님의 이야기와 일맥상통이다. "그냥 해! 그냥 하기만 해도 10% 안에는 무조건 들어! 나머지 90% 안 한다고!" 공감한다. 포인트는 '압도적 실행'이었다. 머릿속에서 고민하기보다는 실행에, 행동으로 옮기는 것을 언제나 우선시했다. 돌이켜보면 실행 후 잘 했는지 못했는지는 중요하지 않았다. 일단은 우선해 보는 경험이 중요했고, 이것이 작은 성공의 포인트였다. 대부분의 사람들이 실행에 바로 옮기지 못하는 것은 '잘 하지 못했을 경우'에 찾아오는 두려움 때문으로 보인다. 이 실행 경험이 전무하다면 처음에는 '이 두려움' 자체가 극복하기 어려울 수 있지만, 처음 한 번 극복한 이후에는 큰 장벽이 아님을 누구나 느낄 것이라고 생각한다.

'자본주의 졸업'에 도전하는 방법

길게 볼 수 있는 시야가 중요한 포인트이다. 단기적으로 월급을 받고 쓰고 생활하는 것에 대부분 매몰되어 있을 텐데, 이 일의 끝에 무엇이 있는지, 내가 이 일을 시작하면 그 끝의 결과물을 통해 내가 얻을 수 있는 것은 무엇일지 고민을 해봐야 하는 것이다. '월급마약'이라는 말까지 있을 정도인데, 이 돌고 도는 루틴에서 벗어나 생각할 줄 아는 시야가 필요하다.

20살 때, 은퇴까지의 계획을 년 단위로, 그리고 많게는 월 단위로까지 짰다. 이 계획을 통해 나의 인생의 방향성과 목표 등을 기존과는 다른 접근과 디테일로 세울 수 있고, 시간이 흐르면 흐를수록 계속해서 나아가는 방향으로 업데이트할 수 있었다. 계획을 짠다는 것은 어떤 의미로든 좋아 보인다. 나의 지금의 현실과 이 현실 이후의 긴 시간 프레

임을 냉정하게 바라보는 것이 필요하다. 그리고 이 현실을 인정하고, 10년 단위 이상의 계획을 꼭! 세워봐야 한다. 나의 경우에는 20살에 60살까지의 40년 계획을 세웠다.

'계획'을 세우며 다양한 생각과 걸림돌들이 길을 막을 것이다. 여기서 포인트는 '메타인지'다. 쉽게 말해 '자기 주제'를 알아야 한다. 일단 내가 한 달에 평균적으로 벌어들이는 정도, 그리고 이 벌이로 미래에 무엇을 할 수 있는지를 알고 이것을 깨달아야 한다. 남들 따라 하던 과소비 등의 불필요한 것들에 대해 돌아보는 계기가 되고, 이것들을 제어할 수 있게 된다. 냉정히 말하면 '자기 주제' 파악 못하고 과소비 등 따라 하기를 반복한다면 당신은 자본주의에서 바로 탈락이다.

앞서 배달을 하던 시기, 함께 일을 하던 형이 있었다. 그 형은 아직도 같은 일을 한다. 돈을 벌면 무언가를 구입했고, 유흥을 했고, 술을 먹고, 도박을 했다. 물론 나도 하고 싶었다. 그런데 다른 점은 딱 하나다. 나는 참았다. 내 주제를 알려고 했고, 알았다. 그래서 참을 수 있었다. 목표로 달려가기 위해. 이런 행동 하나하나가 지금의 차이를 만들어냈다. 당연한 말이지만 절제할 줄 알아야 한다. 특별한 비법은 없다. 이것이 진리다. 부자들만 아는 비밀스러운 것들은 존재하지 않는다. 우리가 너무나 당연하다고 생각하는 것들을 지키는 것이 첫 번째이자 유일한 포인트이다.

돈이 주는 '기회'라는 선물

돈이 주는 최고의 베네핏은 '시간'이다. 돈은 시간을 아낄 수 있게 해준다. 돈으로 시간을 산다는 이야기를 하는 이유다. 우리는 구하기 어려운 제품을 더 높은 금액을 지불하고 산다. 이 말의 의미는 간단하다. 우리 대부분은 돈보다 시간이 더 우위의 가치를 가진다는 것을 안다는 이야기다. 그래서 시간은 사업가에게 기회비용이다. 무언가를 추가로 행할 수 있게 해준다. 시간을 소비하는 것보다 동 시간에 더 많은 매출을 일으키는 것, 큰 기회를 가질 수 있는 사업 구상을 하는 것 등 결국 시간을 고용하는 맥락이다.

우리는 이 돈을 갖기 위해 다양한, 끊임없는 노력을 생각한다고 하지만 사실 실상은 그렇지 않다. 말 그대로 하는 사람만 한다. 사람들은 진리를 알고 있고, 자신이 원하는 것을 이루기 위해 어떤 것을 행해야 하는지까지, 방법까지도 알고 있다. 지나가는 사람을 붙잡고 '서울대 가는 방법'을 묻는다면? 잠자는 시간 줄이고, 공부하고, 꾸준히 복습하고 등 올바른 방법이 나온다. 살을 빼는 방법은? 식단을 하고 운동을 하고. 모두 당연한 이야기다. 뻔할 정도로. 실행에, 행동에 옮기는 것이 관건이다.

넥스트 1안-2안-3안, 교집합 '조각'

현재 시점에서 넥스트에 대한 안은 크게 세 가지다. 1안은 지금 작업 중인 이 책으로 성공적인 작가 데뷔. 이후 강연 및 지금의 이야기를 체계적으로 소개하는 실용서 또한 준비 중이다. 2안은 성공적인 투자. 투자금액을 늘리면서 배당 수익 등 금융 소득 또한 늘리고 있는 과정이다. 2026년 1분기가 되면 지금 생각하는 목푯값에 얼마나 근접하는지를 판단하고 마찬가지로 투자에 대한 배분을 조절할 생각이다. 3안은 완전히 새로운 창업이다. 흥미로운 것은 이 1안, 2안, 3안에 사회 초년생 시절 포기한 '조각가'가 있다는 것이다. 유일한 교집합인 셈이다. 사업 운영도 큰 맥락에서 보면 창작이라고 생각하는데, 지금 이 사업 외적인 영역에서 창작하고 싶은 욕구가 강하다. 인생의 가장 큰 목표가 돈이었기에 대학 졸업하며 조각가의 길을 포기했는데, 이제는 돈에 대해서는 목표한 결괏값을 계속 클리어하는 과정이기에 돈을 생각하지 않고도

하고 싶은 것을 할 수 있는 시기이다. 현실에 가로막혀 낭만을 포기했었는데 이제는 현실이 낭만을 가능케 하는 지점이 아닐까 싶다.

하고 싶은 일을 조금 더 해보는 것. 여전히 머릿속에서 망상놀이가 계속되고 있는데, 해보고 싶은 것이 너무나 많다. 무조건 따라오겠다는 5명의 헬스장 최측근들과 헬스장도 오픈하는 계획하고 있고, 고양이 봉사 단체를 만들어 사회에 좋은 영향을 주고도 싶다. 사업의 영역이 아니더라도 어머니가 살고 싶어 하시는 분당의 좋은 집으로 이사시켜 드리고도 싶고, 더 좋은 차도 사드리고 싶다.

조각의 낭만과 세이브 포인트

이 책의 원고 작업을 하며 치열했던 시간을 돌아보았고, 그 과정에서 많은 생각을 했다. 그리고 넥스트에 대한 고민은 앞서 경험한 치열했던 시간 그 이상이었다. 그리고 들었던 생각이 '조각이 낭만이 맞았던 것 같다'이다. 나는 항상 가슴 한편에 조각을 품고 살았다. 일상 속에서 꽤 많은 시간을 조각을 생각했음에도 인지하지 못하고 있었다. 최근에 '번뜩'하고 느끼지 못했다면 얼마나 시간이 흐른 뒤에 느꼈을지 모르는 일이었다. SNS를 살펴보다가 특정 페이지에서 무의식적으로 저장을 했다. 그리고 '어? 이게 뭐지?!'하며 저장된 탭을 눌러보았다. 저장된 사진들의 대부분은 조각 관련 이미지였다. 이 저장하는 내 모습을 보면서 '난 지금까지도 가슴 한편에 조각이 있었고, 언젠가는 하고 싶어 하는구나'

를 느끼게 되었다.

26살 당시의 나와 지금의 나는 꽤 많은 부분이 달라져 있기에 기분 좋은 뭉클함과 두근거림이 일었다. 이제는 금전적인 부담을 어느 정도 덜어냈기에, 그리고 사회적으로도 꽤 성장했기에 당시 하고 싶었던 일을 다시 해 볼 수 있다는 생각이 만들어낸 감정이었다. 부자가 되고 싶었다. 하지만 조각가가 부자가 되는 길은 말 그대로 암흑 속 보이지 않는 길과 같았다. 그래서 포기했고, 더 빨리 부자가 될 수 있는 길을 선택했다. 그리고 나와 내 가족의 삶을 안정적으로 지켜줄 세이브 포인트를 마련했다. 이제는 세이브 포인트가 있기에 조각가로도 부자가 될 수 있을 것이라는 확신이 들었다.

망상놀이의 결정체

조각 작업실을 지난해 4월까지 유지했다. 월세가 계속 나가는데도 불구하고 미련을 버리지 못해 계속 유지한 것이다. 그런데 요즘 드는 생각이 이제 인생의 다음 장으로 넘어가면 작업실을 다시 차리고 싶다는 생각이다. 구체적으로 내가 만들고 싶은 작업실의 인테리어나 마감 재질까지 머릿속으로 상상하며 망상놀이를 또 하고 있다. 전설의 라이더 시절 교통상황 AI가 이제는 작업실 인테리어 3D 도면으로 활용되고 있다. 여기에 그 속에서 사는 나의 일상과 그 시간 속에서 보낼 여유 등 추상적인 감정까지 그리는 중이다. 이미 그곳에 살고 있다. 커피를 한

잔 내려 소파에 앉아 드로잉을 하는 꿈같은 것 말이다. 그리고 했던 작업들과 괜찮은 아이디어라고 생각해 스크랩 해놓았던 것들까지 머릿속에 다양한 방식으로 조합되고 흩어졌다가 다시 재조합되는 등 이미 조각가의 삶을 살고 있는 수준이다. 그만큼 내가 생각하고 의도하는 바를 실제로 만들어내고 싶은 욕망이 강해졌다.

돈에 대한 생각에서 조금은 떨어져 있을 수 있어 더 흥미롭게 생각하는 것 같다. 이 작업으로 수익 창출까지 되면 더할 나위 없이 좋겠지만, 수익 창출이 아니어도 돈 상관없이 하고 싶은 것이 크다. 작업실을 정리할 당시의 생각을 지금 다시 명확히 돌아보면 '그래, 일단 돈부터 벌고 난 다음에 여유 있어지면 다시 하자'라는 생각이 가장 정확했다. 지금은 돈이 이중으로 들어가는 비싼 취미생활이니까. 돈을 벌어놓고 하자라는 생각에 접었었는데 이제서야 비로소 돌아온 것이다. 멀리멀리, 돌고 또 돌아서, 돈을 번 후 목표 지점 근처에 이제 막 도착했다.

돈이 없다가 이제 조금 번 입장이기는 하지만 돈의 힘과 무서움에 놀라고 또 놀란다. 이제 돈이 상관없는 이유는 돈을 벌었기 때문, 이것이 전부다. 이제는 첫사랑의 감정과 비슷하다. 그냥 하고 싶으니까, 그리고 할 여유가 되니까 다시 하는 것뿐. 다시 돌아돌아 왔다. 어릴 적 살고 싶은 집의 인테리어를 상상 속에서 배치하고 꾸미는 것과 다르지 않은 것 같다. 망상놀이의 결정체다. 일단 내가 생각해낸 것을 실체화 시킬 수 있는 것이 작품 활동인데 조각은 이 부분에 꽤 많은 부분을 만족시킨다.

오랜 시간을 돌아왔지만, 결국 돈 때문에 포기했던 내 꿈을 실현하는 것.

이것이 나의 자본주의 졸업이다.

에필로그
_ "새로운 도전과 세이브 포인트"

장대비가 쏟아지는 어느 날이었다. 하수도와 하천이 역류해 도로에 물이 무릎까지 차올랐지만 애석하게도 사장님은 계속해서 주문 전화를 받고 있었다.

우비를 입어도 온몸이 비로 젖었고 땀 냄새와 하수 냄새 등이 뒤섞여 내 몸에서는 고약한 냄새가 났다. 배달을 간 집의 엘리베이터 앞에서 나를 가리키며 "너도 노력 안 하면 저렇게 되는 거야"라며 아이에게 한소리를 하던 아줌마가 기억난다. 그날의 마지막 배달이었다.

나는 항상 노력하면서 살아왔다. 그리고 자부한다. 어린 나이에 비를 가르며 열심히 배달을 한 것도 그 일환이었다. 하지만 사람들은 겉모습만으로 판단하고는 했다. 그런 것에 신경 쓸 필요는 없다고 생각한다. 여러분의 보이는 모습이 어떻든, 나이가 몇 살이든 늘 노력하고 새로운 도전을 하는 것 자체가 더 중요하다. 나의 '세이브 포인트'는 보통 이러한 상황에서 만들어졌고, 이렇게 경험하다 보니 확신까지 갖게 되었다.

나 또한 새로운 시작을 위해 이 책을 쓰고 있다.

"가장 큰 위험은 위험 없는 삶이다"
- 기업인 스티븐 코비

현실에 안주하며 고개를 숙이고 풀을 뜯어 먹는 초식동물이 되기보다는, 목숨을 걸고 자신의 먹이를 직접 찾아 나서는 육식동물이 되고 싶다. 본진의 미네랄만 캐며 안주하기보다는, 잠깐의 손해를 무릅쓰고 정찰을 나가며 새로운 기지를 구축해 가는 삶을 살고 싶다. 나는 '도전하는 자는 아름답다'라는 말을 좋아한다.

이제 배달을 할 필요도, 하루에 수백 통의 전화를 돌리며 영업에 도전해야 하는 것도 아니지만, 또 다른 도전을 위해 새로이 시작해 보려고 한다.

자본주의 졸업하기
‘부자’라는 궁극적이자 유일한 목표

초판 1쇄 발행 2026년 1월 22일

지은이 이정욱
펴낸이 김병호
펴낸곳 주식회사 바른북스

편집 콘텐츠그룹 오늘 | **디자인** 콘텐츠그룹 오늘

발행처 주식회사 바른북스
출판등록 2019년 4월 3일 제 2019-000040호
주소 서울시 성동구 연무장5길 9-16, 606호 (성수동2가, 블루스톤타워)
전화 070-7857-9719 | **팩스** 070-7610-9820
자비출판 투고 barunbooks21@naver.com
홈페이지 www.barunbooks.com
유튜브 https://www.youtube.com/@Youtube_brTV
인스타그램 https://www.instagram.com/barunbooks7/
X(트위터) https://x.com/barunbooks7
페이스북 facebook.com/barunbooks7
틱톡 https://www.tiktok.com/@barunbooks7
값 18,000원
ISBN 979-11-7263-767-5 (03810)